国家出版基金项目
"十二五"国家重点图书出版规划项目

《东南亚研究》第一辑
《东南亚社会文化与投资环境》系列丛书
广东国际战略研究院 组编

主编 蔡金城

印度尼西亚社会文化与投资环境

YINDUNIXIYA SHEHUI WENHUA YU TOUZI HUANJING

中国出版集团
世界图书出版公司

图书在版编目（CIP）数据

印度尼西亚社会文化与投资环境 / 蔡金城主编. ——广州：世界图书出版广东有限公司，2012.11
ISBN 978-7-5100-5296-5

Ⅰ.①印… Ⅱ.①蔡… Ⅲ.①印度尼西亚—概况 ②投资环境—概况—印度尼西亚 Ⅳ.①K934.2 ②F134.2

中国版本图书馆CIP数据核字（2012）第228987号

印度尼西亚社会文化与投资环境

项目策划：陈　岩
项目负责：卢家彬　刘正武
责任编辑：程　静
出版发行：世界图书出版广东有限公司
　　　　　（广州市海珠区新港西路大江冲25号　邮编：510300）
电　　话：020-84451969　84459539
网　　址：http://www.gdst.com.cn
经　　销：各地新华书店
印　　刷：虎彩印艺股份有限公司
版　　次：2014年2月第2版　2016年9月第4次印刷
开　　本：880mm×1230mm　1/32
印　　张：5.875
ISBN 978-7-5100-5296-5/K·0147
定　　价：25.00元

版权所有　侵权必究

《东南亚研究》第一辑

主　编：隋广军
副主编：李　青　刘继森

《东南亚社会文化与投资环境》系列丛书

编委会主任：隋广军
编委会副主任：李　青　刘继森
编委会成员：隋广军　徐真华　孔庆山　李小元
　　　　　　李轩志　林秀梅　李　青　林明华
　　　　　　刘继森　吴杰伟　张　哲　杨韶刚
　　　　　　常永胜　梁立俊　蔡金城

总 序

东盟是中国的近邻,与中国政治、外交关系密切,经贸往来十分频繁,中国与东盟的经贸合作意义重大。2010年中国-东盟自由贸易区启动,彼此的重要性以及经济上的互相影响更为凸显。广东地处南粤,与东盟各国或一衣带水,或山水相连,历史上商贸往来密切——下南洋曾经是广东人特有的"地理大发现"。随着广东经济增长模式转型和对外贸易方式转变,借自由贸易之利,全面强化、提升与东盟的经贸关系对广东未来经济发展至关重要。正是由于上述原因,东盟始终是广东国际战略研究院关注的重点。

近年广东国际战略研究院陆续推出了一系列有影响力的研究成果,或为政府战略决策提供依据,或为商界开拓市场提供参考。这套《东南亚社会文化与投资环境》系列丛书是研究院近期推出的又一力作。其主旨在于为政府及相关人员提供一套关于东盟政治、经济、文化的参考文献,供他们放在案头随时备查;特别是为有意投资东盟十国的商家、企业提供可靠的信息,作为走入东盟的路径指南;也为其他对东盟感兴趣的人士提供权威且全面的经典之作。

这套丛书分为十本,每本按国别独立成册。丛书各分册在体例编排上基本相同,主要内容虽各有侧重,但均以一国之经济为核心,涵盖以下几个方面:一、经济状况。描述该国经济发展、变革的历史过程,解读其经济体制的现状及未来趋势，汇总经济发展水平的各项指标，并对其经济发展进行简单评价。二、产业特点。介绍其资源禀赋的优劣势，归纳分析产业布局重点和特点，简要分析产业发展趋势以及与中国产业结构的异同。三、财政金融。介绍其财政、金融组织架构，分析财政、金融政策的特点，介绍融资市场规模及其影响力等，发掘与中国相关金融政策对接的可能性。四、商业机会。根据其资源特点和政策导向以及产业结构的现状，结合中国企业的对外投资优势，介绍潜在的投资领域和行业。除了上述内容之外，书中也概括地介绍该国的政治、文化、教育、风物以及外交情况，其中与中国的往来关系更是必备内容。书中附录收集该国的法律法规、政策指南以及政府、商业和企业信息，以备读者查阅。

我们力求使本丛书具备以下几个特点。一、求真。这是一套通识类读物，意在让读者一册在手，所需真实信息尽收眼底。二、求新。我们力求使用最新的资料，并向读者提供获得最新信息，或更新资料的渠道。三、求精。我们在编纂过程中通过精心安排结构，精心取舍材料和提炼观点，最大限度地让读者在获得通识的基础上取精用宏，满足他们更高层次的阅读要求。四、求实。我们在简洁的分析和解读的基础上，努力追求"工具化"的目标，通过覆盖面最广的资料和数据，使其具有工具书一样的功能。当然摆在读者面前的这套丛书距此理想仍有差距，希望读者多多批评指正。

这套丛书从筹划到正式出版历时近两年，该丛书的出版是许多人共同努力的结果。感谢中国出版集团、世界图书出版公司在本书出版过程中的支持和帮助；感谢北京大学、北京外国语大学、广东外语外贸大学各个语种的专家教授以及参与编撰的所有作者,正是他们的辛苦付出和鼎力支持成就了这套丛书。最后特别要感谢广东外语外贸大学非通用语种教学与研究中心主任林秀梅教授,她为丛书的出版做出了大量重要和无私的贡献。

2012年10月1日

前 言

千颗珠,万颗珠,物主细数自陶醉;蓝宝石,绿宝石,试比哪颗更名贵。喜过望,徒生悲,绊倒珠宝人间坠;落南洋,化岛屿,赤道线上镶翡翠。

传说中住在天庭的造物主,把玩着他无数的珍珠宝石爱不释手,却一不留神倒撒了珠宝,坠入南洋,化作颗颗镶嵌在赤道线上的翡翠,人们如此赞美这些岛屿。真是上天恩赐,为人类提供了这么一块乐土,有人称她是地球上最像伊甸园的地方。她就是"千岛之国"印度尼西亚(以下简称印尼)。其实属于她的岛屿何止千个,而是远远超出万个,错落有致地分布在太平洋和印度洋之间500多万平方公里的辽阔海面上,蔚为壮观。要说海洋游,印尼群岛所提供的多样性和美丽景观,世界上恐怕没有任何一个国家可以与之相比。只可惜,印尼的大多数岛屿,依然如养在深闺人未识的少女,外国游客难得有机会目睹其真容。

古往今来关系密,法显游记有提及;南海边上一近邻,爪哇古国耶婆提。西出印度锁咽喉,高僧义净写传记;南接澳大利亚做跳板,七下西洋必经地。

历史上中国人所称的南洋群岛,现在大都划入了印尼国家的版图。因其物产丰富,战略地位重要,成为近代以来东西方列强的必争之地。古代中国与南洋群岛各国的密切交往,史籍上也多有记载。法显、义净、郑和等都是在不同时代到过南洋群岛名载史册的中国人。

在中印尼关系史上，两国在冷战时期出现过波折，有过隔阂。进入新千年后，两国关系逐步向好，回到了密切合作的正确轨道，两国元首于2005年签署了战略伙伴合作框架协议。每天在中印尼两国直飞的数个航班座无虚席的机舱里，既有印尼来中国淘货的大小商家，也多了中国去印尼观光的游客和投资客。截至2010年底，中国到印尼投资的企业已超过千家。

随着世界经济发展重心的东移，印尼近年来的发展表现不俗，国际货币基金组织预测印尼经济在未来5年的增速会越来越突出。目前印尼也在紧锣密鼓地编制国家经济中长远发展规划，作出敞开大门广迎天下投资客的姿态。这对中国的企业家和商户，无疑是一大利好。印尼是个资源丰富的大国，如矿产资源、动植物资源、海洋资源、景观资源、劳动力资源等。得天独厚的资源优势，决定了她将是世界未来的热点发展地区。有远见的中国商家，及早布局印尼，正当其时。

国家要合作，人民要友好，我们要与国际接轨，要实现走出去的战略，第一步首先要了解外部世界。广东国际战略研究院接下了《东南亚社会文化与投资环境》的系列丛书任务，要我们负责《印尼社会文化与投资环境》的撰写。国内关于印尼这方面介绍的书籍不多，要我们印尼语系承担这个任务，似乎责无旁贷。但我们整个专业，就那么几个人，还要完成繁重的本职教学任务，方可腾出时间写作。开始大家颇有畏难情绪，一是怕事情太多，无暇顾及；二是怕才疏识浅，没有编写著作经验，达不到丛书编委的要求，在半年的规定时间里完不了稿不好交差。但我年轻的同事们抱怨归抱怨，还是识大体，顾大局，大家都尽了力，将书稿赶出来了，尽管问题肯定不少。感谢丛书主编对我们的信任！感谢印尼驻广州总领事余树富先生及其他领事，他们为本书的撰写提供了很有价值的参考资料。同时也感谢同事们的辛勤劳动！

我们的具体分工是：肖莉娴和朱刚琴负责撰写了第一章和第三章，其中第一章的"地理与气候"、"民族与人口"和"行政区划"，第三章的"节庆"和"美食"由肖莉娴执笔。袁海广负责第二章，朱刚琴撰写第五章，蔡金城负责第四章、第六章和全书统稿。我们的宗旨是尽量让读者更全面地了解印尼，为他们提供一些实在有用的信息。虽然我们每个人都去过印尼，其中肖、袁、张三位老师的硕士学位都是在印尼著名大学完成的，对印尼社会文化国情的了解比大多数国人都要深刻一些。但本书的写作要求似乎远远超出了我们所从事专业工作的范畴，比如涉及的法律法规，投资指南，经商要领，经济概况等。我们都是普通的印尼语教书匠，所学的是文科，完全没有商科和法律的专业知识，更谈不上有经商的实践经验，这就无异于赶鸭子上架，很不靠谱。而此丛书最重要的一点还是为现实经贸投资提供服务。我们只能诚惶诚恐地姑且写之，为了给读者提供相对准确完整的信息，尤其是为了给有意到印尼经商投资的商界人士提供尽可能多的帮助，作为门外汉的我们，只能借鉴了诸如中国商务部网站资料，或者中国驻印尼大使馆外商参的信息。还有印尼的有关法律，也因为没有可资引用的或可信赖的中文文本，只得勉为其难地自己翻译。我们这样做，决不是简单的"拿来",而是把能够收集到的相关资料综合起来,注明出处,附贴上去,以求对经商和投资人士提供更多的参考。

上述种种,似乎都是此书写不好的堂而皇之的理由,因此,缺点错误在所难免,敬请读者特别是专家学者不吝批评指正。

蔡金城

2012年9月 于白云山麓

目录
Contents

第一章 国家概述 / 1

本章导读	2
第一节 地理与气候	3
第二节 民族与人口	18
第三节 行政区划	26
第四节 政治	30

第二章 经济概况 / 41

本章导读	42
第一节 建国以来的经济简介	43
第二节 各经济领域的最新发展	55

第三章 社会文化 / 77

本章导读	78
第一节 节庆	79
第二节 美食	85
第三节 兼收并蓄的多元文化	89
第四节 教育与新闻出版	97
第五节 宗教信仰与禁忌	99

第四章 政策法规 / 107

本章导读	108
第一节 投资政策与法规	109
第二节 税收与进出口管理	121
第三节 吸引外资的鼓励措施	124
第四节 承包工程的相关政策	126
第五节 投资印尼注意事项	129
第六节 印度尼西亚的国际仲裁	131

目录
Contents

第五章 中印尼关系 / 135

本章导读		136
第一节	中印尼关系历史回顾	137
第二节	中印尼关系现状	141
第三节	中印尼未来关系展望	144

第六章 投资指南 / 147

本章导读		148
第一节	印尼发展现状	149
第二节	印尼中长远发展总体规划目标	150
第三节	印尼六大经济走廊	151
第四节	六大经济走廊的定位和点评	153
第五节	印尼政府着力发展的八大行业和18个主攻方向	163
第六节	印尼政府实施总体规划的策略和措施	164
第七节	抓住历史机遇，果敢布局印尼	168

参考文献　　　　　　　　　　170

第一章
国家概述

2 印度尼西亚
社会文化与投资环境

本章导读

☆ 印度尼西亚共和国（Republik Indonesia）简称"印度尼西亚或印尼"，是东盟十国中领土面积最大、人口最多的国家，也是世界上最大的海岛国家。1945年8月17日宣告独立，实行潘查希拉民主。印尼穆斯林人口为世界之最，但不是伊斯兰教国，而是一个世俗的国家。多元文化是印尼的特征。印尼实行总统制内阁，执行独立自主的外交政策。

第一节　地理与气候

印度尼西亚共和国（Republik Indonesia，简称"印尼"）是世界上拥有岛屿最多的国家，被誉为"千岛之国"。其实，印尼所属的岛屿远超千个，共计有17,508个岛屿，其中约有6,000个岛屿有人居住，是面积最大的群岛国家。印尼位于东经94°45′至141°05′，北纬6°08′至南纬11°15′之间，赤道贯穿全境，东西长5,300公里，南北宽1,800公里。由于印尼岛屿众多，又位于赤道上，所以又被称为"赤道上的翡翠"。东部伊里安查亚省①与巴布亚新几内亚相连，东南部与东帝汶相连，还与澳大利亚隔海相望，西南部是印度洋，北部加里曼丹岛与马来西亚接壤。

印尼位于亚洲大陆和大洋洲大陆之间，是连接两大洲的桥梁，巽他海峡（Selat Sunda）、马六甲海峡（Selat Malaka）、龙目海峡（Selat Lombok）是沟通印度洋和太平洋的重要通道，战略地位相当重要。

印尼国土面积190多万平方公里，海洋面积约300万平方公里。其中印尼的五大岛屿分别是：苏门答腊岛（473,606平方公里）、爪哇和马都拉岛（132,107平方公里）、加里曼丹岛（539,460平方公里，世界第三大岛屿）、苏拉威西岛（189,216平方公里）和巴布亚岛（421,981平方公里）。这些岛屿及其附近的小岛被称为努山达拉群岛（Kepulauan Nusantara）或者印度尼西亚群岛（Kepulauan Indonesia）。也有地理学家把印尼群岛分为三部分：大巽他群岛（Kepulauan Sunda Besar）、小巽他群

---

①伊里安查亚省现在已改为巴布亚和西布亚两个省。

岛（Kepulauan Sunda Kecil）和马鲁古和伊利安群岛（Kepulauan Maluku dan Papua）。

大巽他群岛包括：苏门答腊岛、加里曼丹岛（即婆罗洲）、爪哇岛和苏拉威西岛。

小巽他群岛包括：巴厘岛、西努沙登加拉岛和东努沙登加拉岛。

苏门答腊岛、爪哇岛、婆罗洲（加里曼丹岛）、巴厘岛和巴拉望岛位于巽他大陆架上（巽他大陆），巽他大陆架是亚洲大陆被海水淹没的延伸部分。在海平面较低的冰河时期，巽他大陆的大部分和亚洲的其他部分以陆地相连。

苏门答腊岛是世界上第六大岛，自西北向东南，横跨赤道。苏门答腊岛北边是安达曼海，南边是巽他海峡，东边是马六甲海峡，西边是印度洋。苏门答腊岛上有很多原始热带森林和次生热带森林。海拔超过3,000米的巴里桑山脉（Pegunungan Bukit Barisan）自北向南延绵1,700多公里。岛内最高的火山山峰是位于占卑的葛林芝峰（Gunung Kerinci）。其他著名的火山有位于亚齐的雷瑟尔峰（Gunung Leuser），位于南苏门答腊和明古鲁交界处的登波峰（Gunung Dempo）。苏门答腊岛是地震震中带，印尼最大的湖——多巴湖（Danau Toba）位于苏门答腊岛。根据现有史料，在现印尼地区建立起来的第一个版图最大的国家是室利佛逝帝国，其中心就在苏门答腊岛东南岸的巨港（Palembang）。①

苏门答腊岛的人口密度仅次于爪哇岛。如今苏门答腊岛有10个行政区：亚齐省、北苏门答腊省、西苏门答腊省、廖内省、占碑省、南苏门答腊省、明古鲁省、楠榜省、廖内群岛省

---

①Palembang，又音译为巴邻邦。

和邦加—勿里洞群岛省。

加里曼丹是印尼位于婆罗洲领土①的称谓。婆罗洲排在格陵兰岛和巴布亚岛之后,是世界第三大岛。婆罗洲北边的沙巴和沙捞越是马来西亚与印尼的加里曼丹、文莱接壤的地区。加里曼丹以南是爪哇海,西边是南中国海和卡里马达海峡(Selat Karimata),东边隔望加锡海峡与苏拉威西相望。加里曼丹中部是山区,海拔不超过2,000米;海边是平地、沼泽和泥炭森林。

加里曼丹岛也被赤道分成南北两部分。其土壤没有苏门答腊岛和爪哇岛的土壤肥沃,人口密度低。由于不是位于地壳断层,因此没有火山带,加里曼丹岛不曾发生过地震和火山爆发。但是和苏门答腊岛一样,在加里曼丹岛有很多原始热带森林和次生森林。加里曼丹岛的原始森林和亚马孙热带雨林被称为"地球的左右两片肺"。印尼最长的河流卡普阿斯河(Sungai Kapuas)就位于加里曼丹岛。

如今加里曼丹岛有4个一级行政区,分别是西加里曼丹省、中加里曼丹省、南加里曼丹省和东加里曼丹省。

爪哇岛位于赤道以南,呈东西走向,是印尼人口密度最大的地区。爪哇岛位于地震带上,比较活跃的火山——默拉皮火山(Gunung Merapi)和婆罗摩火山(Gunung Bromo)分别位于中爪哇和东爪哇。爪哇岛南边是波浪汹涌的印度洋,岸边比较陡峭;北边是相对平静的爪哇海,岸边坡度不大。东北方马都拉海峡将爪哇岛与马都拉岛相隔,西边隔巽他海峡与苏门答腊岛相望,东边与巴厘岛隔峡相邻。

由于人口膨胀,人类活动范围越来越大,致使爪哇岛的森

---

①马来西亚的部分领土和文莱也位于婆罗洲。

林面积急剧萎缩,如今只有很少的次生森林和低地森林。印尼首都雅加达(Jakarta)位于爪哇岛西北角。印尼大部分工业城市和大城市都在爪哇岛内。爪哇岛也位于地震带上,岛上火山活动频率和地震发生较多。

在爪哇发现了多处远古人类活动的遗址。有属于更新世的爪哇直立猿人,莫佐克托猿人和梭罗河流域的昂栋头盖骨和瓦贾克头骨。

爪哇岛现设6个一级行政区,分别是万丹省、雅加达首都特别区、西爪哇省、中爪哇省、日惹特别区和东爪哇省。

苏拉威西岛(旧称西里伯斯岛,Celebes)自冰河时期就与大巽他群岛分开。赤道穿过苏拉威西岛北部四分之一处,其他大部分地区都在赤道以南。苏拉威西北边是苏拉威西海,南边是弗洛勒斯海,西边是望加锡海峡,东边是班达海。苏拉威西岛位于华莱士线和莱德克线之间的过渡区域上,岛上有很多珍稀动物,如世界上最小的水牛——倭水牛,牙齿从鼻子上长出来的野猪,灵长类的猕猴,有袋貂,等等。苏拉威西岛位于亚洲板块、大洋洲板块和太平洋板块的交汇点,地质环境非常不稳定。

苏拉威西岛现设6个一级行政区,分别是:南苏拉威西省、西苏拉威西省、中苏拉威西省、东南苏拉威西省、哥伦达洛省和北苏拉威西省。

努沙登加拉群岛从西到东包括巴厘岛、西努沙登加拉、东努沙登加拉和帝汶岛[①]。行政区为巴厘省、西努沙登加拉省和东努沙登加拉省。威达尔岛(Pulau Wetar)地理划分上属于努沙登加拉群岛,但在行政区域划分上是属于马鲁古的。其中巴厘岛和龙目岛是著名的旅游地点,科莫多岛(Pulau Komodo)

[①]帝汶岛中的东帝汶已于2002年独立。

上有现今世界上最大的蜥蜴科莫多巨蜥。

巴布亚群岛（之前被称为伊里安查亚岛）位于印尼的最东部，东边与巴布亚新几内亚接壤，海拔5030米的查亚峰是全国的最高峰，山顶终年积雪。伊里安群岛有极乐鸟、食火鸡和多种鹦鹉，也有有袋类动物。现设两个行政区：巴布亚省和西巴布亚省。

印尼处在"环太平洋地震带"上，是世界上著名的地震火山多发的国家之一。每年都会发生各种级别的地震数千次。印尼还被称为"火山之国"，其境内有400多座火山，其中120多座是活火山，约占全球活火山数量的1/6，还有相当一部分海底火山。爪哇和苏门答腊之间著名的喀拉喀托火山①（Gunung Krakatau）就是由于被环绕印尼南部从西苏门答腊经爪哇和巴厘岛到马鲁古群岛的印度洋海床向下挤压而形成的。

印尼的江河湖泊众多，但鲜有大江大河，且分布不均，多数河流都不利航行，只有少数可航行内河船只。加里曼丹河流较多，多发源于中部山区，向东、南、西方向流入大海。主要河流有卡普阿斯河（Kapuas）、巴里托河（Barito）、马哈甘河（Mahakam），其中卡普阿斯河可通航225公里，有利于加里曼丹原木的运输。苏门答腊西部是巴里散山脉，较大的河流都自西向东流向马六甲海峡和爪哇海。爪哇岛的河流多数自南向北流向爪哇海。梭罗河②是爪哇岛最长的河流。旱季时河床很浅，不适于航行船只，雨季时可航行船只。

苏门答腊岛北部的多巴湖是印尼最大的湖泊，也是东南

---

①它位于巽他海峡，是一座活火山，历史上不断喷发。最著名的一次喷发是在1883年，释放出250亿立方米的物质，摧毁了数百个村庄和城市，超过3万人死亡。原有的喀拉喀托火山的2/3在爆发后消失了，而新的火山活动自1927年又产生一个新的不断成长的火山岛。这个新的火山岛被称为"喀拉喀托之子"。

②梭罗河（Bengawan Solo），著名的民歌《梭罗河》就取名自这条河流。

亚最大的淡水湖。多巴湖海拔906米，湖水最深处505米，面积1,700多平方公里。湖中间有萨莫西岛，风景秀丽，气候宜人，是印尼著名的旅游胜地。

印尼是个海洋国家，由太平洋、印度洋和南中国海环绕着。内海众多，有爪哇海、苏拉威西海、班达海、马鲁古海、帝汶海、阿拉弗拉海、弗洛勒斯海、哈马黑拉海、萨武海、巴厘海、塞兰海，等等。独特的地理环境使印尼拥有很多天然港口，著名的有雅加达的丹戎不碌港、三宝垄的丹戎马尼港、泗水的丹戎贝拉克港、棉兰的勿拉湾港，等等。

印尼地跨赤道，没有春夏秋冬之分，只有雨季旱季之别，是典型的热带季风气候。由于印尼地处亚洲和大洋洲两个大陆之间，其气候受到这两大陆季风的影响。每年11月至次年4月，太阳直射南半球，这时亚洲大陆进入冬季，气压高；大洋洲进入夏季、气压低。高气压流向低气压、风从亚洲大陆吹到印度尼西亚，形成西北季风。这种风经过辽阔的海洋，吸收了大量水分，吹到印尼就经常下雨，是为雨季。每年5—10月，太阳直射北半球，这时亚洲进入夏季，大洋洲进入冬季，季风改从大洋洲吹向印尼，形成东南季风。这种风比较干燥，吹到印尼就很少下雨，是为旱季。

印尼的温差很大，苏拉威西岛的帕鲁（Palu）洼地旱季最高气温可以达到40℃，而伊里安的查亚威加亚山峰，最低气温可以降到0℃。在伊里安的查亚峰（Puncak Jaya，海拔5,030米）、特里科拉峰（Puncak Trikora，海拔4,730米）的山顶上则是终年有积雪。全国年平均气温为25℃~27℃，首都雅加达年平均气温为26℃。高山地区和平原地区的温差较大，一些成为旅游景点的火山晚上气温只有10℃左右。

印尼的平均年降雨量约1,600毫米，但分布也不均衡。从最高年降雨量7,000毫米到最低500毫米都有。比较干燥的地区有苏拉威西的帕鲁和帝汶，降雨量比较大的地区有亚齐、北苏门答腊、西苏门答腊、廖内、占碑、明古鲁、西爪哇部分地区、西加里曼丹、北苏门答腊、北马鲁古和伊里安的满拔拉默三角洲（Delta Mamberamo）。过分的雨量并不利于热带地区保持土壤的肥力，大量雨水的冲刷使得土壤里的腐殖质冲得所剩无几。最肥沃的土地是火山土沉积覆盖的地区，这些地区往往都靠近火山口，也是印尼人口最密集的地区。

印尼的风力不大，很少有暴风，也没有台风。但是，空气湿度相当大。爪哇岛是世界上雷雨最多的地区，年平均约有220个雷雨日，万隆（Bandung）平均有320个雷雨日，茂物（Bogor）则多至332个，被誉为世界的"雷都"，全年雷雨达1,400场次以上，总雨量为4618毫米。

印尼划分为三个时区。西部印尼时间（WIB）以东经105°为准，包括苏门答腊岛、爪哇岛；中部印尼时间（WITA）以东经120°为准，与北京时间相同，包括巴厘岛、加里曼丹岛、苏拉威西岛、努沙登加拉群岛。东部印尼时间（WIT）以东经135°为准，包括马鲁古群岛和巴布亚地区。

一、自然资源

由于印尼地处热带，高温多雨，有广阔的陆地和海域面积，有利于各种生物的繁殖和生长，是一个动植物资源非常丰富的国家。印尼还有丰裕的石油、天然气资源，有铁矿石、煤炭等矿产资源。这就为印尼经济的发展打下坚实的基础。

二、农业资源

大多数印尼居民以稻米为主要粮食，全国都有稻米种植，主要产区是爪哇、马都拉和巴厘。其他粮食作物还有玉米、大豆、木薯、番薯、土豆、花生、硕莪（即西米）[①]，等等。

表1-1　2008—2010年印尼主要粮食作物收成（吨）

	2008年	2009年	2010年
大米	60,330,000	64,400,000	65,150,000
玉米	16,320,000	17,630,000	18,020,000
大豆	775,710	974,510	927,038
绿豆	298,059	314,486	292,084
木薯	21,756,991	22,039,145	23,908,459
花生	770,054	777,888	779,670

资料来源：印尼中央统计局。

印尼盛产各种热带经济作物，包括橡胶、椰子、咖啡、油棕、茶叶、甘蔗、烟草、胡椒、可可、金鸡纳皮、藤条、剑麻、黄麻、肉蔻、丁香，等等。其中椰子和天然橡胶产量世界第一，棕榈油产量世界第二，咖啡产量世界第三。

表1-2　2001—2009年印尼规模种植园经济作物种植面积（千公顷）

年份	橡胶	棕榈油	可可	咖啡	茶叶	金鸡纳皮	甘蔗	烟草
2001	506.6	3,152.4	158.6	62.5	83.3	1.2	393.9	5.3
2002	492.9	3,258.6	145.8	58.2	84.4	1.2	375.2	5.4
2003	517.6	3,429.2	145.7	57.4	83.3	3.3	340.3	5.2
2004	514.4	3,496.7	87.7	52.6	83.3	3.2	344.8	3.3
2005	512.4	3,593.4	85.9	52.9	81.7	3.1	381.8	4.8
2006	513.2	3,748.5	101.2	53.6	78.4	3.1	396.4	5.1
2007	514	4,101.7	106.5	52.5	77.6	3.0	427.8	5.8
2008	515.8	4,451.8	98.4	58.3	78.9	3.0	436.5	4.6
2009	526.4	4,520.6	102.6	58.3	75.4	3.0	443.8	4.6

资料来源：印尼中央统计局。

[①] 硕莪是sagu的音译，在当地是主要粮食，在中国南方是用来做甜点西米露的原料。

表1-3 2001—2009年印尼规模种植园经济作物产量（吨）

年份	干橡胶	棕榈油	棕榈核	可可	咖啡	茶叶	金鸡纳皮	甘蔗	烟叶
2001	397,720	5,598,440	1,117,759	57,860	27,045	126,708	728	1,824,575	5,465
2002	403,712	6,195,605	1,209,723	48,245	26,740	120,421	635	1,901,326	5,340
2003	396,104	6,923,510	1,529,249	56,632	29,437	127,523	784	1,991,6062	5,228
2004	403,800	8,479,262	1,861,965	54,921	29,159	125,514	740	2,051,642	2,679
2005	432,221	10,119,061	2,139,652	55,127	24,809	128,154	825	2,241,742	4,003
2006	554,634	10,961,756	2,363,147	67,200	28,900	115,436	—	2,307,000	4,200
2007	578,486	11,437,986	2,593,198	68,600	24,100	116,501	500	2,623,800	3,100
2008	586,081	12,477,752	2,829,201	62,913	28,074	114,689	400	2,668,428	2,614
2009	640,787	12,954,662	2,937,362	63,628	28,448	112,761	600	2,849,769	2,943

资料来源：印尼中央统计局。

橡胶是印尼重要的出口物资，主要产地在苏门答腊岛、爪哇岛和加里曼丹。胡椒是著名的香料之一，主要产地在苏门答腊、西加里曼丹和邦加岛。金鸡纳霜是治疗疟疾的特效药，金鸡纳树主要产区在西爪哇。印尼藤（生长于热带森林中的一种多刺的棕榈科攀缘植物）的出口为印尼创造了大量的外汇，主要产地是加里曼丹和苏门答腊。棕榈油主要产于苏门答腊岛东部。咖啡主要产区是东爪哇，印尼出产世界上名贵的"猫屎咖啡"[①]。丁香主要产区是马鲁古群岛，马鲁古群岛被称为"香料群岛"。烟叶主要产于爪哇和北苏门答腊。印尼香烟品质很高，多数香烟添加香料之一的丁香，也称为"丁香烟"。

印尼还盛产各种热带水果，如香蕉、芒果、菠萝、菠萝蜜、红毛丹、蛇皮果、榴莲、山竹、木瓜、莲雾等等。

[①] 猫屎咖啡即Kopi Luwak，是苏门答腊岛一种叫作"麝香猫"的树栖野生动物挑选咖啡树中最成熟香甜的咖啡果实作为食物，然后咖啡豆经过"麝香猫"的消化系统原封不动的被排出体外，这样味道特别香醇，口感特别圆润。（刘新生，142-143）

三、森林资源

印尼的森林资源极为丰富，森林和林地面积占国土面积的67%以上，盛产各种热带名贵树种，如加里曼丹和苏门答腊的铁木、努沙登加拉的檀木、爪哇和苏拉威西的乌木和柚木均驰名于世。辽阔的森林为各种动物和鸟类提供了良好的栖息地。加里曼丹岛的森林与南美亚马孙原始森林齐名，被合称为"地球的左右两片肺"。印尼的木材加工业主要集中在苏门答腊和苏拉威西岛，广大东部地区特别是巴布亚（以前称伊里安查亚Irian Jaya），虽木材积蓄量很大，但由于人烟稀少，木材没有被充分地开发利用。

加里曼丹是印尼主要原木材生产基地，其中的50%又来自东加里曼丹，东加里曼丹地区森林稠密、交通方便，便于采伐，主要树种都属龙脑香科的婆罗双、龙脑香、羯布罗香等属，常与婆罗洲铁木、甘氏豆属等混生。中加里曼丹除贝壳杉外，还有贝壳杉类与陆均松类的混交林，主要是由棱柱本属、夹竹桃属、胶本属、陆均松属和龙脑香属的林木组成的湿地雨林，以及由滑叶婆罗双、羯布罗香属、婆罗洲铁木、甘氏豆属等林木组成的低地雨林。西加里曼丹的主要树种为婆罗双属和棱柱本属，湿地与低地雨林与中加里曼丹相近，但蓄积量较少。

苏门答腊广泛分布婆罗双属、颇垒属、异翅香属、青应属、龙脑香属、羯布罗香属。一般龙脑香属的树种，占上层林木的90%，在北苏门答腊湿地和低地，有由马印漆树属和海棠果属等组成的混交林。苏拉威西的植物区系与新几内亚相近，仅有少量颇垒属、青皮属等龙脑香科树种。苏拉威西中部和东南部，有印茄属、鸡骨常山、海棠果、胶木等树种的混交林，中苏拉威西和多米尼湾沿岸地区有乌木分布，乌木出口在苏拉威西原木材出口中占有重要地位。

巴布亚的森林资源开发最晚，除海拔2,000米以上的森林外，75%为热带雨林，主要有印茄属、番龙眼属等。北部马诺夸里和纳比雷四周的森林是由番龙眼、印茄、海棠果、鸡骨常山、杜英、母生与胶木等属树种组成的低地雨林。爪哇岛森林的特点是人工林多，有近100万公顷，另有大片南亚松、高阿丁枫、印茄、贝壳杉、桉树等人工林。

印尼是世界上最大的胶合板供给国，是重要的原木、锯材、单板、纸浆、纸张、家具及其他木制品的输出国。印尼是产藤最多的国家，产藤中心区首推加里曼丹中部与南部，其次为苏拉威西及苏岛西部。

印尼政府为了充分地利用资源和保护环境，从20世纪70年代就实施森林保护政策和限制性措施。指定将部分林区划为保护林区，作为国家公园和野生动物栖息地，禁止作为商业应用，以保持森林原有的自然状态。为了保持森林的持续性，政府对生产林采取了很多限制性的措施，如实行发放许可证制度，即森林经营权（Hak Pengusaha Hutan 简称：HPH），规定只有持政府颁发的准字才能经营木材业。

表1-4　2004—2009年印尼拥有森林经营权的企业经营的森林面积（单位：公顷）

省份	2004年	2005年	2006年	2007年	2008年	2009年
亚齐	796,723	524,644	524,644	524,644	409,644	409,644
北苏门答腊	404,600	294,843	437,393	328,803	328,803	328,803
西苏门答腊	361,430	268,840	210,376	210,240	210,240	194,290
廖内	2,390,457	721,102	812,128	812,128	715,128	318,408
占碑	821,995	328,349	299,974	133,705	45,825	45,825

续表

省份	2004年	2005年	2006年	2007年	2008年	2009年
南苏门答腊	100,000	56,000	56,000	108,170	108,170	108,170
明古鲁	—	23,000	23,000	23,000	23,000	56,070
西努沙登加拉	31,550	31,550	31,550	—	—	—
西加里曼丹	1,125,756	1,128,860	1,163,890	1,257,670	1,214,065	1,195,570
中加里曼丹	2,825,221	4,323,608	4,569,645	4,473,755	4,120,635	4,086,305
南加里曼丹	280,811	320,531	361,481	359,421	359,361	279,421
东加里曼丹	5,162,452	6,051,172	6,734,227	6,773,357	6,581,712	6,183,873
北苏拉威西	105,500	60,800	60,800	60,800	60,800	60,800
中苏拉威西	785,270	1,006,095	992,245	992,245	902,245	854,245
南苏拉威西	409,965	293,407	293,407	—	—	—
东南苏拉威西	296,000	296,000	—	385,590	385,590	385,590
哥沦打洛	348,200	185,570	185,570	185,570	185,570	145,000
西苏拉威西	—	—	—	293,407	249,407	214,245
马鲁古	818,339	785,210	815,165	778,865	554,695	697,195
北马鲁古	306,000	991,000	921,675	983,040	913,040	804,820
西巴布亚	—	4,512,350	4,350,470	4,091,590	3,560,590	3,885,970
巴布亚	4,042,050	5,512,253	5,581,243	5,495,043	5,241,293	5,516,643
印尼（合计）	21,412,319	27,715,184	28,424,883	28,271,043	26,169,813	25,770,887

资料来源：印尼中央统计局森林经营权企业数据。

表1-5　2004—2008年印尼拥有森林经营权的企业的原木产量
（单位：立方米）

品种	2004年	2005年	2006年	2007年	2008年
Agathis南洋贝壳衫	32,134	29,888	1,612	12,754	18,121
Bakau红树属	290,475	213,291	155,582	188,224	55,558
Bangkirai婆罗属	48,776	64,733	66,136	72,178	77,127
Benuang翅平婆	14,861	8,029	6,655	7,066	39,945
Damar松树	2,777	3,543	1,625	2,615	2,409

续表

品种	2004年	2005年	2006年	2007年	2008年
Duabanga八宝树属	32,393	—	—	—	—
Jelutung南洋桐	22,226	1,201	18,580	38,734	24,813
Kapur山樟（冰片香）	307,602	323,635	390,958	496,354	281,591
Kruing龙脑香	242,706	372,573	308,901	238,990	372,044
Meranti娑罗双树属	4,135,592	5,049,694	4,377 991	4,876,171	4,362,297
Mersawa桂兰	20,103	14,957	12,675	14,610	106,304
Nyatoh胶木属植物	31,434	26,345	23,587	25,760	41,595
Palapi子京木，红檀	17,598	15,176	20,522	22,197	35,767
Ramin树名，木质黄，劈开后变白	81,127	65,393	81,587	65,788	92,425
Resak娑罗树的一种	3,703	6,045	4,548	3,566	7,458
Lainnya其他	1,117,565	945,863	909,309	925,403	908,950
Rimba Campuran混合森林	1,684,351	1,571,497	1,475,917	1,499,361	1,546,896
印尼（合计）	8,085,423	8,711,863	7,856,185	8,489,767	7,973,300

资料来源：印尼中央统计局森林经营权企业数据。

表1-6 为保护森林，印尼政府设立了多个国家公园、自然旅游公园、森林公园

	国家公园（陆地）	国家公园（海上）	自然旅游公园（陆）	自然旅游公园（海）	森林公园	狩猎公园
数量	43	7	105	19	22	14
面积	12,298,216（公顷）	4,043,561（公顷）	257,348.38（公顷）	767,120.70（公顷）	344,174.91（公顷）	224,816.04（公顷）

资料来源：印尼林业部。

四、矿产资源

印尼矿产资源丰富,主要有石油、天然气、煤、锡、铝钒土(又称钒土或铝土矿)、镍、铁、铜、金、银等。已探明矿产储量为:石油500亿桶,天然气73万亿立方米,煤580亿吨。石油主要分布在苏门答腊的巨港、占碑、巴干巴鲁、东加里曼丹、马鲁古群岛、西巴布亚省西北部。天然气主要分布在苏门答腊南部和北部、加里曼丹东部和巴布亚省等地。印尼已探明煤炭储量主要分布在苏门答腊和加里曼丹两岛,特别是集中在苏门答腊岛的中部和南部,以及加里曼丹岛的中部、东部和南部。锡矿主要分布在邦加、勿里洞。铝土矿主要分布在邦加岛和勿里洞岛、西加里曼丹省和廖内省。镍矿主要分布在马鲁古群岛、南苏拉威西省、东加里曼丹省和巴布亚岛。印尼铁矿主要分布在爪哇岛南部沿海,西苏门答腊、南加里曼丹和南苏拉威西。印尼铜矿主要分布在巴布亚岛和苏拉威西岛的哥伦达洛省。金矿主要分布在苏门答腊岛、苏拉威西、加里曼丹和巴布亚岛。银矿主要分布在邦加-勿里洞群岛、苏门答腊岛西南的明古鲁省、加里曼丹岛中西部和西爪哇岛。

表1-7 2003—2008年印尼矿藏产量

品种	2003年	2004年	2005年	2006年	2007年	2008年
煤(吨)	113,525,813	128,479,707	149,665,233	162,294,657	188,663,068	178,930,188
铝矾土(吨)	1,262,705	1,331,519	1,441,899	2,117,630	1,251 147	1,152,322
镍(吨)	2,499,728	2,105,957	3,790,896	3,869,883	7,112,870	6,571,764
黄金(公斤)	138,475	86,855	142,894	138,992	117,854	64,390
银(公斤)	272,050	255,053	326,993	270,624	268 967	226,051

续表

品种	2003年	2004年	2005年	2006年	2007年	2008年
花岗岩（吨）	3,938,915	4,035,040	4,302,849	4,514,654	1,793,440	2,050,000
铁砂矿（吨）	245,911	79,635	87,940	84,954	84 371	445,525,932
锡（吨）	74,316	73,080	78,404	79,100	64 127	79,210
铜（吨）	3,238,306	2,812,664	3,553,808	817,796	796,899	655,046

资料来源：印尼中央统计局。

表1-8　2000—2008年印尼燃油产量（桶）

年份	Premium 优质汽油	Pertamax 92 号汽油	Pertamax Plus95 号汽油	Kerosin 煤油
2000	69,243,864	—	—	55,117,974
2001	66,533,951	—	—	55,044,848
2002	68,975,134	—	—	53,428,406
2003	64,367,803	2,282,000	617,000	63,029,372
2004	70,260,076	3,010,000	300,000	56,911,747
2005	71,013,010	1,699,754	431,836	53,720,587
2006	71,822,000	1,631,764	414,563	54,424,000
2007	71,337,000	2,754,000	951,000	51,934,000
2008	72,404,000	1,523,000	387,000	48,031,000

资料来源：印尼中央统计局。

五、渔业资源

印尼海岸线长，海域辽阔，大小岛屿星罗棋布，海产资源非常丰富。陆地雨量充足，阳光充沛，植物生长茂盛，为淡水鱼的生产提供了有利条件。

爪哇岛、苏门答腊岛、加里曼丹岛、苏拉威西岛一带位于巽他大陆架上，海底平浅，有利于拖网捕捞。苏门答腊岛东岸的巴干西亚比亚比（Bagan Siapiapi）是世界著名的大渔场。可捕捞的品种有金枪鱼、鲤鱼、鱿鱼、贝壳类和其他鱼类，以及虾、海藻等。联合国粮农组织的数据显示，在该片大陆架海洋底栖鱼类资源丰富，包括对虾属和小型中上层渔业资源；外洋海域的金枪鱼资源十分丰富。金枪鱼是印尼的重要出口商品，其中以远洋捕鱼船队为主，主要鱼种是鲣鱼和黄鳍金枪鱼。苏门答腊东海岸和爪哇北海岸的遮目鱼产量占印尼海水养殖的大部分，对虾养殖也极具规模。此外印尼还盛产沙丁鱼、金带鱼、鱿鱼、珍珠、燕窝，等等。

第二节 民族与人口

印尼人口为2.37亿（2010年印尼国家统计局数据），是世界第四人口大国，仅次于中国、印度和美国。其中男性人口总数为1.19亿，女性人口总数为1.18亿，男女性别比例为101：100。印尼的人口特点之一是人口增长很快。1930年印尼第一次人口普查显示当时印尼人口总数为6,000万。从1961年开始至2010年印尼政府一共进行了7次人口普查，从1961年的9,000万，增长至1971年的1.19亿，1980年的1.47亿，1990年的1.79亿，1995年的1.94亿，2000年的2.05亿，2010年的2.37亿。各个不同时段的人口增长率分别为2.31%（1971—1980年），1.98%（1980—1990年），1.49%（1990—2000年）。

自20世纪70年代末期开始，印尼政府在全国开始推行计划生育政策，拥有两个孩子的家庭被认为是理想的家庭。印尼国家统计局数据显示，1990—2000年，印尼人口的增长率为

1.49%，2000—2005年人口增长率为1.34%，预计2020—2025年人口增长率为0.92%。

印尼人口的另一特点是人口分布极不平衡。国家统计局数据显示，全国平均的人口密度为每平方公里124人。爪哇岛和马都拉岛的人口密度较大，占全国人口的58%，其中首都雅加达的人口密度最大，为每平方公里14,440人；巴布亚和马鲁古是印尼人口较少的地区，只占全国人口总数的3%；西巴布亚人口密度最小，每平方公里只有8人。

为缓解爪哇岛和马都拉岛人口过度密集带来的各种社会问题，印尼政府从20世纪70年代开始实施国内移民计划，把居民从人口稠密的爪哇岛和马都拉岛移民至人烟稀少的加里曼丹岛、巴布亚岛、苏拉威西岛等地。此项措施除了可以缓解人口稠密给爪哇岛和马都拉岛带来的各种压力外，移民还可以帮助外岛原居民开发当地土地，促进发展。

表1-9　1971—2010年印尼各岛人口比例表

	1971年	1980年	1990年	2000年	2010年
苏门答腊岛	17.62%	19.07%	20.44%	21.02%	21.31%
爪哇岛	63.89%	62.12%	60.23%	58.93%	57.49%
努沙登加拉岛	5.56%	5.4%	5.27%	5.34%	5.5%
加里曼丹岛	4.33%	4.58%	5.09%	5.49%	5.8%
苏拉威西岛	7.16%	7.08%	7.01%	7.23%	7.31%
马鲁古和巴布亚岛	1.44%	1.76%	1.96%	2.0%	2.6%

资料来源：印尼中央统计局2010年人口普查数据。

从上表可以看出，经过近40年的努力，爪哇占全国人口的比例有所减少，而苏门答腊岛、加里曼丹岛、苏拉威西岛、马鲁古和巴布亚的人口所占比例则有所上升。

印尼居民总的来说可以分为两类。在印尼西部，大部分居民是马来族，在东部，大部分居民是来自美拉尼西亚群岛的巴布亚族。大多数印尼居民是根据方言或者居住地来划分种族的，例如爪哇族、巽他族或者巴达克族。其中爪哇族（Suku Jawa）45%，巽他族（Suku Sunda）14%，马都拉族（Suku Madura）7.5%，马来族（Suku Melayu）7.5%，其他（Lain）26%。

1. 爪哇族（Suku Jawa）

爪哇族是印尼人口最多的民族，主要分布于爪哇岛的中爪哇、东爪哇和日惹，在雅加达、北苏门答腊（Sumatera Utara）、楠榜（Lampung）、万丹（Banten）、西爪哇的井里汶（Cirebon）和南安迪（Indramayu）也有爪哇人居住。爪哇族历史悠久，文化发达。历史上曾创建满者伯夷（Majapahit）[①]和马打蓝（Mataram）[②]等著名封建王朝，留下了丰富的文化遗迹，如位于中爪哇的婆罗浮屠塔（佛教）和普蓝班兰印度庙（印度教）。伊斯兰教传入印尼后，大多数爪哇人改信伊斯兰教，但仍有不少人继续保持对印度教和"万物有灵"的部分信仰。

爪哇人大部分居住在农村，从事水稻、旱稻、玉米、杂粮和经济作物种植。爪哇海沿海居民（即爪哇岛北岸居民）则从事捕鱼业[③]。居住在城市的主要是工商业者、政府公务员和企业职员。

爪哇族具有高度发达的文化，爪哇语是使用人数最多的方言，爪哇皮影戏和舞蹈是印尼文化的代表，闻名国内外。

爪哇族还可细分为有其他种族，例如在外南梦（Banyuwangi）

---

①Majapahit，又译为"嘛喏巴歇"。
②Mataram，又译"马打兰"。
③爪哇岛南岸濒临印度洋，风浪很大不适宜出海捕鱼。

的奥星族（Suku Osing）和东爪哇的腾格尔族（Suku Tengger）。

2. 巽他族（Suku Sunda）

巽他族是印尼的第二大民族，主要分布于西爪哇南部沿海地区，并向该岛北部和东部扩散，也可细分为井里汶族（Suku Cirebon）和万丹族（Suku Banten）。巽他人在相貌、语言和文化等方面与爪哇族相近，但有他们自己的方言巽他语。巽他人爱好音乐和皮影戏。一种用竹管制成名为昂古隆的乐器，以及类似中国古筝的格扎比是巽他人最喜欢的乐器。巽他人主要从事农业和手工业，他们种植稻米、玉米等，制作陶器和纺织品。巽他人大多数信仰伊斯兰教，他们有一种独特的爱好——斗羊。

3. 马都拉族（Suku Madura）

马都拉族人口在印尼各族中排名第三，主要居住在爪哇岛东北方的小岛——马都拉岛和爪哇岛的东部地区。他们多数从事农业、畜牧业和捕鱼业。马都拉人爱好斗牛和赛牛。他们的性格很容易受刺激，说话很大声。但是也以节省、守规律和勤奋著称。他们是很虔诚的伊斯兰教徒。马都拉人的自尊心很强，于是很容易形成一种叫作Carok的性格（Carok是马都拉语，意思是"用尊严作战"）。如果家庭或个人的尊严和地位受到伤害，用武器进行打斗，往往是马都拉人用来解决问题的最后方式。Carok是马都拉族文化的象征。

4. 马来族（Suku Melayu）

生活在印尼的马来族主要分布于北苏门答腊岛、廖内群岛、占碑、南苏门答腊、邦加—勿里洞以及西加里曼丹岛的沿海地区。印尼语就是以他们使用的语言——马来语为基础而发展起来的。马来人主要从事农业、渔业，种植水稻、旱稻、捕捞鱼虾等；城里的马来人主要从事商业活动和担任企业职工。

马来人多数信仰伊斯兰教,少数人仍保留对"万物有灵"和图腾的崇拜。此外还有马来族人生活在马来西亚、泰国南部、文莱和新加坡。马来族人很擅长作班顿诗[①]。

5. 米南加保族(Suku Minangkabau)

印尼的米南加保族主要分布于西苏门答腊省西部沿海的高原地带、廖内、明古鲁北部、占碑西部、北苏门答腊的南部和亚齐的西南部。米南加保人仍保留母系氏族社会的特点。在婚姻上实行男嫁女娶,母亲是一家之主,支配着家庭的劳动、财产归属、儿女婚事等各方面事项。孩子由母亲和舅舅抚养,父亲则负责抚养姑姑或姑母的孩子。不过,随着社会的发展,米南加保人也已逐渐转向父系氏族社会。米南加保人主要从事农业,种植水稻、旱稻和杂粮。他们也善于经商,其足迹遍布于印尼各地,主要在雅加达、棉兰、万隆、巨港等大城市。他们生产的花裙布[②]在印尼各地很受欢迎。在宗教方面,他们绝大多数信仰伊斯兰教,少数人信仰原始宗教。

6. 亚齐族(Suku Aceh)

亚齐族主要分布于苏门答腊北部的亚齐特区,以富于反抗精神而闻名。19世纪末期,他们曾英勇地进行了长达30多年的抗荷斗争而赢得全印尼人民的赞誉。13世纪末伊斯兰教由印度的古吉拉特传到苏门答腊岛的须文答剌,亚齐人是印尼第一个信奉伊斯兰教的民族,第一个伊斯兰王国就是在亚齐建立的。亚齐人是印尼最虔诚的伊斯兰教徒。长期以来,他们的一切社交活动和生活的各个方面都渗透着《古兰经》(*Quran*)和穆罕默德的言行准则,充满着浓厚的宗教色彩。但是大部分亚齐

---

① 班顿诗,也叫板顿诗,Pantun,是印尼和马来西亚的一种诗体,通常为四行,也有六行和八行的,每行四个字,隔行押韵。
② Kain Batik,音译为"巴迪克布",也称为蜡染布。

文化也受印度文化影响，亚齐语有很多词汇是梵语词汇。亚齐人大部分以农业为生，种植各种农作物，但也有人从事渔业、放牧和商业活动。

7．巴达族（Suku Batak）

巴达族主要分布于北苏门答腊省的多巴湖周围地区。巴达族按语言、习俗的不同又分为若干部族，如多巴族（Suku Toba）、曼台灵族（Suku Mandailing）、卡罗族（Suku Karo）等。巴达族在宗教信仰上也不同，少数信仰伊斯兰教，大多数信仰基督教，也有信仰"万物有灵论"的，但现在持此信仰的人越来越少了。巴达人以从事农业为主，主要种植水稻、旱稻、玉米、木薯、甘蔗、椰子、咖啡等。其次是从事畜牧养殖业、饲养牲畜。但是也有到城里做工和经商的。

8．巴厘族（Suku Bali）

巴厘族主要居住于爪哇岛附近的巴厘岛上，人口有500多万。巴厘族可分为外来巴厘族和土著巴厘族。外来巴厘族是13、14世纪从爪哇岛上迁徙而来，人数较多，主要分布在沿海地区和南部平原。土著巴厘族人数较少，主要分布于北部巴都尔山区，被认为是原始马来人的后代。约有90%的巴厘人信仰巴厘印度教。与正宗的印度教不同的是，巴厘的印度教掺入了本地的宗教成分。其余信奉佛教、伊斯兰教或基督教。巴厘人从事农业，种植各种农作物，但巴厘人以善于制作各种手工艺品如木刻、编织、陶器、银器而著称，还善于作画。巴厘人还是一个能歌善舞的民族，他们经常演绎《罗摩衍那》（Ramayana）和《摩诃婆罗多》（Mahabharata）两大印度史诗里的故事，著名的有雷公舞（Tari Legong）和克查克舞（Tari Kecak）。平时巴厘人交往时使用巴厘语，同外人交往时则使用印尼语。闲时巴厘男人喜欢斗鸡。

9. 布吉斯族（Suku Bugis）和望加锡族（Suku Makassar）

布吉斯族和望加锡族主要分布于苏拉威西岛的南部地区。两个民族在相貌特征和生活习惯上相似，但各讲自己的方言。这两个民族以擅长航海和造船而闻名，以勇于探险著称。自古以来，他们依靠自己制造的精巧的帆船，航行于印尼各岛之间，从事海上贸易。他们甚至远航到马来半岛，在那里经商和定居，因而成为当今许多马来西亚人和新加坡人的祖辈。除航海经商外，布吉斯人和望加锡人主要从事农业、渔业和畜牧业。在宗教信仰上，这两个民族绝大多数信仰伊斯兰教。

10. 达雅克族（Suku Dayak）

达雅克族主要居住在加里曼丹岛的内地，由许多部族组成，各部族有各自的语言和文化。由于历史和自然环境的影响，他们比印尼其他民族开发较晚，经济和文化较落后。一些地区还保持着以刀耕火种为特点的原始农业耕种方式。男人们从事捕鱼、狩猎和采集；妇女们则多从事家务和编制业。达雅克人以其纯朴强悍的性格而著称。他们勇敢、忠诚和守约。大多数人信仰"万物有灵"和崇拜祖先的灵魂。

11. 巴达维族（Suku Betawi）

巴达维族是指由荷兰殖民者招来开发巴达维亚（Batavia，过去荷兰对雅加达的称呼）的巽他人、爪哇人、阿拉伯人、巴厘人、松巴哇人、安汶人、马来人和华人，互相通婚后所繁衍的后代。大部分巴达维人信仰伊斯兰教，也有信奉基督教和天主教的。由于巴达维人是多种族群体通婚的后代，他们对外来者有很大的包容性，尊重社会的多元化。

12. 沙沙克族（Suku Sasak）

沙沙克族主要分布于努沙登加拉群岛的龙目岛上。他们主要从事农业和捕鱼业，信仰伊斯兰教和"万物有灵"论。

13．托拉查族（Suku Toraja）

托拉查族主要分布于苏拉威西岛的中部地区，"托拉查"为布吉斯语，意为"山民"。由于居住条件的影响，经济和文化发展缓慢，农业还保持刀耕火种，种植旱稻，大多数人信仰"万物有灵"论，少数人信仰伊斯兰教。托拉查人死后葬在悬崖或山洞里，与中国古代的"悬棺葬"有些相似。

14．尼亚斯族（Suku Nias）

尼亚斯族主要分布在苏门答腊岛西海岸对面的尼亚斯岛上。尼亚斯人以农业为生，农作物主要是薯类、香蕉和椰子。在信仰方面，绝大多数尼亚斯人都是精灵崇拜者和祖先崇拜者，并仍旧保留着巨石文化[①]。

15．安汶族（Suku Ambon）

安汶族主要居住在马鲁古群岛的安汶岛上。由于安汶最早受到西方人入侵和统治，他们受西方文化影响较多。安汶人信仰基督教和天主教的人较多。主要从事农业、渔业和经商。

16．库布族（Suku Kubu）

库布族是印尼人数最少的民族，据1991年的统计，人口900~1,000人。他们主要居住在苏门答腊岛占碑省的武吉都帕拉斯山。多数以打猎为生，采集水果、挖掘根块，信仰原始宗教。

除此以外，印尼还有外来的少数族裔，例如华人、印度人和阿拉伯人。从公元8世纪他们开始陆续来到印尼群岛经商，并且定居下来。据统计，在印尼总人口里大约有3%是华裔。

伊斯兰教是印尼大多数居民信仰的宗教，约有88.8%的居民是穆斯林。这使得印尼成为世界上穆斯林最多的国家。其

[①] 是指从石器时代至铜器时代分布于欧洲、亚洲、非洲、美洲、大洋洲等世界各地的以巨大石结构建筑为标志的古代文化类型，拥有以宏大的平面布局和奇特的造型而著称于世的巨大石质建筑物。

他居民还信仰基督教（占总人口5.7%）、天主教（占总人口3%）、印度教（占总人口1.7%）、佛教（占总人口0.6%）、孔教（占人口0.1%）和其他宗教（2008年印尼国家宗教部数据）。

第三节　行政区划

印尼的行政区划分为一级行政区（省和特别区）、二级行政区（市和县）和三级行政区（镇和乡）。各级行政区的长官分别是：一级行政区为省长，二级行政区为市长或县长，三级行政区为镇长或乡长。如今印尼共有33个一级行政区，包括3个特别区和30个省。

表1-10　印度尼西亚共和国一级行政区

省份	省会	面积（平方公里）	建省/区时间	人口（2010年）
亚齐特区 DI Aceh	班达亚齐 Banda Aceh	55,390	1956年12月7日	4,486,570
北苏门答腊省 Sumatera Utara	棉兰 Medan	72,981	1948年4月15日	12,985,075
西苏门答腊省 Sumatera Barat	巴东 Padang	42,297	1958年7月3日	4,845,998
廖内省 Riau	北干巴鲁 Pekanbaru	87,023	1957年8月9日	5,543,031
占碑省 Jamb	占碑 Jambi	53,435	1958年6月25日	3,088,618
南苏门答腊省 Sumatera Selatan	巨港 Palembang	113,339	1950年8月14日	7,446,401

续表

省份	省会	面积（平方公里）	建省/区时间	人口（2010年）
明古鲁省 Bengkulu	明古鲁 Bengkulu	19,788	1967年9月12日	1,713,393
楠榜省 Lampung	班达楠榜 Bandar Lampung	35,376	1964年3月18日	7,596,115
邦加-勿里洞群岛 Kep. Bangka Belitung	槟港 Pangkal Pinang	18,725	2000年11月21日	1,223,048
廖内群岛 Kepulauan Riau	丹戎比南 Tanjung Pinang	251,000	2002年	1,685,698
雅加达首都特区 DKI Jakarta	雅加达 Jakarta	74,028	1965年2月10日	9,588,198
西爪哇省 Jawa Barat	万隆 Bandung	44,177	1950年7月14日	43,021,826
中爪哇省 Jawa Tengah	三宝垄 Semarang	32,548	1950年8月15日	32,380,687
日惹特区 DI Yogyakarta	日惹 Yogyakarta	32.5	1950年3月4日	3,452,390
东爪哇省 Jawa Timur	泗水 Surabaya	47,922	1950年3月4日	37,476,011
万丹 Banten	西冷 Serang	9,160	2000年10月4日	10,644,030
巴厘岛省 Bali	登巴萨 Denpasar	5,632	1958年8月14日	3,891,428

续表

省份	省会	面积（平方公里）	建省/区时间	人口（2010年）
西努沙登加拉省 Nusa Tenggara Barat	马打蓝 Mataram	20,153	1958年12月17日	4,496,855
东努沙登加拉省 Nusa Tenggara Timur	古邦 Kupang	48,718	1958年8月14日	4,679,316
西加里曼丹省 Kalimantan Barat	坤甸 Pontianak	146,807	1957年1月1日	4,393,239
中加里曼丹省 Kalimantan Tengah	帕朗卡拉亚 Palangkaraya	157,983	1957年5月23日	2,202,599
南加里曼丹省 Kalimantan Selatan	马辰 Banjarmasin	36,985	1950年8月14日	3,626,119
东加里曼丹省 Kalimantan Timur	萨马林达 Samarinda	245,237	1957年1月1日	3,550,586
北苏拉威西省 Sulawesi Utara	万鸦老 Menado	15,364	1959年8月14日	2,265,937
中苏拉威西省 Sulawesi Tengah	帕鲁 Palu	68,089	1964年4月13日	2,633,420
南苏拉威西省 Sulawesi Selatan	乌戎潘当 Ujung Pandang	62,482	1960年12月13日	8,032,551

续表

省份	省会	面积（平方公里）	建省/区时间	人口（2010年）
东南苏拉威西省 Sulawesi Tenggara	肯达里 Kendari	38,140	1964年9月22日	2,230,569
哥伦达洛省 Gorontalo	哥伦达洛 Gorontalo	11,257	2001年2月16日	1,038,585
西苏拉威西省 Sulawesi Barat	巴里巴里 Pare-Pare	16,796	2004年10月5日	1,158,336
马鲁古省 Maluku	安汶 Ambon	705,645	1958年7月1日	1,531,402
北马鲁古省 Maluku Utara	索菲菲 Sofifi	140,255	1999年10月4日	1,035,585
西巴布亚省 Papua Barat	马老奇 Merauke	126,093	1999年10月1日	760,855
巴布亚省 Papua	查亚普拉 Jayapura	420,540	1969年9月10日	2,851,999

数据来源：印尼国家统计局。

第四节 政治

独立日：8月17日。

国旗：红白旗（Sang Merah Putih）。从公元7世纪开始，印尼民族已经开始用红色和白色作为精神的代表。红色象征勇敢，一往无前，不怕任何困难；白色象征神圣的目的和纯洁的心。印尼国旗由上半部红色和下半部白色组成，红色宽度和白色宽度等长。

国徽：神鹰嘉鲁达（Garuda）。鹰的胸部是一面盾牌，鹰胸前的盾面由五部分组成：

1. 黑色小盾和金黄色的五角星代表宗教信仰，也象征"潘查希拉"（Pancasila）——印尼建国五项基本原则；

印尼国徽

2. 水牛头象征主权属于人民；
3. 榕树象征民族意识；
4. 棉桃和稻穗象征富足和公正；
5. 金色饰环象征人道主义和世代相传。

盾面上的粗黑线代表赤道。鹰爪抓着的绶带上用印尼文写着Bhinneka Tunggal Ika（"求同存异"，"殊途同归"之意）。鹰两翼各有17根羽毛，尾羽8根，这是为了纪念印度尼西亚的独立日——8月17日。

国花：茉莉花（Bunga Melati）和蝴蝶兰（Bunga Anggrek）。

首都：雅加达（Jakarta）。

印尼现有一级行政区33个，包括两个地方特区和一个首都特区，两个地方特区是日惹特区和亚齐达鲁萨兰特区，首都特区是指雅加达首都特区。1999年以前，东帝汶是印尼的其中一个省，后来独立成为东帝汶民主共和国。

一、潘查希拉民主制下的政治体制

印尼国家指导思想是"潘查希拉"，是由印尼第一任总统苏加诺于1945年6月1日在印尼"独立筹备委员会"大会上演讲时提出的立国基础。1945年宪法序言中明确了"潘查希拉"作为国家指导思想的地位。"潘查希拉"由互相联系不可分割的五项基础组成，这五项基础分别是：

第一，至高无上的神道主义；

第二，公正和文明的人道主义；

第三，印度尼西亚的团结统一；

第四，协商和代表制下的明智决策为导向的民主；

第五，全印尼人民的社会公正。

1. 印尼宪法

印尼共和国实行的是1945年宪法。1999—2002年间，1945年宪法已作过4次修正，对国家组织机构及其职责、权力作出了相应修正：规定了国家组织机构由人民协商会议、总统、人民代表会议、地方代表会议、内阁、国际审计署、总统评议院（2007年取代最高评议院）、最高法院、宪法法院组成。

2. 立法机构

印尼立法机构由人民代表会议（国会）、人民协商会议以及地方代表会议组成。

人民代表会议是印尼最高立法机构，有立法、预算和监督权。根据1945年宪法第4次修正案的规定，人民代表会议成员由人民直接选举产生，按照立法选举结果，2009—2014年人民代表会议共有560名议员,任期5年。主要职责为:制定与总统探讨后取得一致的法律;探讨和批准替代法律的政府条例;受理和探讨地方代表会议提交的有关某方面的法律草案,地方代表会议参与其中;在地方代表大会评议的基础上,与总统共同制定国家收支预算;对法律、收支预算以及政府政策的执行实行监督;在地方代表大会评议基础上,选举国家审计署成员;探讨并跟进由国家审计署提交的国家财政职责审核结果;批准总统任命、免职司法委员会成员;批准由司法委员会提议、总统委任的最高法官;推选3名宪法法官候选人提交总统委任;为总统任命印尼驻外使节和接受外国驻印尼使节提供建议,为大赦、流放提供建议;批准总统宣战、与他国和解、签订协议;收集并跟进社会意见;重视地方代表大会对收支预算草案、有关税收、教育和宗教法律草案的评议;探讨和跟进由地方代表大会提交的关于地方自治、地方扩建与合并、中央和地方关系等法律的执行,监督收支预算、税收、教育和宗教政策执行情况。

地方代表大会是印尼最高立法机构的组成部分,有立法、评议和监督权。但其立法权局限于向国会(即人民代表大会)提交有关地方自治、中央和地方关系、行政地区扩增、自然资源及其他经济资源管理、中央和地方财政平衡管理的法律草案。根据2002年第4次宪法修正,地方代表大会成员根据每省4个名额由人民直接选举产生。2009—2014年地方代表会议成员为132名,任期5年。

人民协商会议是印尼最高立法机构的组成部分,按照2002年第4次宪法修正案,由直接选举产生的人民代表大会成员和地方代表会议成员组成。2009—2014年人民协商会议成员为692名,任期5年。人民协商会议的主要职责是制定和修改国家宪法；根据选举结果任命总统和副总统；根据宪法法院决议决定国会对总统和副总统进行弹劾的议案；一旦总统在任期内去世、停职、被停职或者无法履行职责，任命副总统为总统；一旦在任期内副总统一职空缺，选举总统提名的两名候选人之一为副总统；一旦在任期内总统和副总统同时停职，选出总统和副总统。人民协商会议成员有权提交宪法条款修正议案，有权决定选择决策、豁免权以及礼仪权。

二、执法机构

1. 总统

印尼总统既是国家元首，也是政府首脑。根据2001年第3次宪法修正案，总统和副总统直接由人民选举产生，任期5年，可连任两届。根据宪法规定，总统掌管行政权力、掌管海陆空三军最高权力、向国会提交法律草案、出台政府条例及紧急情况下出台替代法律的政府条例、任命内阁部长以及其他部门（如印尼国军、印尼警察局、最高检察院）负责人、经国会同意向他国宣战或签订和平协议或其他国际协议、执行由人民协商会议确定的国家方针大计等。

2. 内阁

根据宪法规定，印尼内阁对总统而不是对国会负责。内阁部长由总统任命。内阁设秘书部、内政部、外交部、国防部、法律和人权部、财政部、矿产能源部、工业部、商务部、农业部、林业部、交通部、海事和渔业部、劳工和移民部、公共工程部、卫生部、教育部、社会事务部、宗教部、文化旅游部、通信信息部、科技研究部、合作社和中小企业部、生态环境部、妇女儿童保护部、国家机构官僚改革部、落后地区发展部、国家发展规划部、国营企业部、人民住房部、青年体育部；还设3个统筹部，分别是：政治、法律、安全事务统筹部、经济事务统筹部、人民福利事务统筹部；此外，还有相当于部长级别的总检察长、印尼国军总司令、印尼共和国总警长、总统府建设监控工作组组长。

上述如外交部、国防部、工业部、商务部、农业部、交通部、公共工程部、教育部、国家发展规划部等9个部门，还设立副部长级官员，协助部长进行工作。

3. 最高审计署

最高审计署是根据1945年宪法规定而成立的对政府财政账目进行审查的独立审计机构，其地位与政府、国会、最高法院等相等。

最高审计署成员由国会选举、地方代表大会评议而产生，由总统正式任命。审计结果交由国会或地方代表大会、地方国会。

4. 总统评议院

2007年，苏西洛总统根据1945年宪法第4次修正案成立总统评议院，代替原有的最高评议院。总统评议院为总统提供外交、环境和发展、政治、经济、宗教、社会文化、国防、法律、农业问题方面的咨询意见。

评议院共有9名成员，其中1人兼任主席，由成员轮流担任。最晚在总统就职3个月时任命评议院成员，随总统任期结束或因被总统免职而结束任职。

三、司法机构

1. 最高法院

最高法院与宪法法院是印尼最高的司法机构，其下分管普通法院、宗教法院、军事法院和行政法院。最高法院是普通法院、宗教法院、军事法院和行政法院审判民事、刑事案件上诉的终审法院。

根据1945年宪法，最高法院拥有终审判决、检验法律条文的权力，以及法律赋予的其他权力。最高法院还有权提出3名宪法法官成员，以及在总统赦免、平反犯人上提供意见的权力。

最高法院设主席1名，必须由最高法官担任，并且由最高法院的最高法官选举产生，由总统任命。最高法院最多可有60名最高法官，最高法官候选人由司法委员会向国会推选，最后由总统批准、任命。

2．宪法法院

根据1945年宪法第3次修正案，成立宪法法院，与最高法院一起担当印尼最高的司法机构，负责审理法律的最初判决和最终裁决、1945年宪法赋予的国家机构间的权力纠纷案、解散政党以及大选结果争议案、对国会有关总统和或者副总统是否涉嫌违宪的意见作出判决。

宪法法院设主席1人，必须由宪法法官担任，并由宪法法官选举产生，任期3年；总统决定宪法法院由9名宪法法官组成，最高法院、国会和总统分别提出3名宪法法官人选，任期5年。

四、政党和大选

印尼共和国自独立后，共经历了三个时期：苏加诺领导的旧秩序时期（1945—1965年），苏哈托领导的新秩序时期（1966—1998年），以及后苏哈托时代的民主改革时期。虽然不同时期政府对政党及其数量的限制和要求不同，但总的来说印尼实行的是多党制。

1955年首次大选时，印尼共有30多个政党，其中影响较大的有印尼民族党、马斯友美党、印尼共产党、印尼社会党、印尼伊斯兰联盟党等十几个政党。因为斗争激烈，政府（内阁）不断更替，政局动荡。1956年苏加诺实行"有领导的民主制"，简化政党，只允许存在10个政党。苏哈托执政32年，为了强化对社会的控制，避免或者杜绝反对派或异见分子壮大的机会，1967年颁布了简化政党的条例，1975年更是利用国会通过政党法，以法律形式规定印尼只允许存在三个政党：专业集团党、团结建设党、印尼民主党。进入后苏哈托的民主改革期，自由民主成为印尼的主流。尤其是随着1999年新的政党法出台后，印尼政党数量激增，最多时达到243个。1999年大选有48个政党参选，2004年第一次直选有24个政党参加大选，2009年有38个政党参选，最终9个政党入主国会。其中，印尼民主党、专业集团党、福利公正党、民族使命党、建设团结党、民族复兴党组成执政联盟，斗争民主党、大印尼运动党以及人民心声党为在野党。

1. 印尼民主党

印尼民主党于2001年组建，2003年获批准参选。民主党的成立与时任政治安全统筹部长的苏西洛意欲参加总统竞选有关，所以民主党能在如此短的时间里声名鹊起，与苏西洛的个人声望不无关系。民主党得到了大城市的中产阶级和知识阶层的支持。在2004年第一次直选中，作为一个新党，第一次参加立法选举就获得了7.45%的选票，在国会占据57个议席，位居第五；2009年大选中，民主党更以26.4%的选票占据国会148个席位而傲视群雄，在很多省份都获得了大多数民众的支持，连亚齐、雅加达和西爪哇省都不例外，可谓史无前例。2010年5月民主党总主席选举引起高度关注，被解读为苏西洛通过民主选举的方式为下届政府寻找合适的接班人。民主党领导层能在民主、公开、公正且无贿选的前提下成功完成新老交接，树立了民主党的民主形象。

2. 专业集团党

专业集团党成立于苏加诺的旧秩序末期,原名专业集团、专业集团联合秘书处。1964年,当时的印尼陆军为了对抗印尼共领导的政治团体吸收专业团体的代表参政而成立了专业集团。专业集团联合秘书处发展成为参加大选的政治组织之一。尽管名称上没有"党"字,但它实际上起着政党的作用。自1971年始,在苏哈托执政的几届选举中全部获胜。这与苏哈托政府为了巩固政权,制定了有利于专业集团的政策有关,如公务员的绝对忠诚条例等,使专业集团在苏哈托时期几乎一枝独秀,一党独大。苏哈托下台后,印尼民众对专业集团的反感迫使专业集团顺应历史潮流,改名为专业集团党,参加1999年大选获得第二的成绩;由于梅加瓦蒂政府治理经济不力,民众又倒向专业集团,结果2004年大选它又一次以24.48%的绝对优势胜出;2009年大选中专业集团党不敌民主党,以14.5%的选票位居第二,后与民主党执政大联盟结成联盟,成为执政党之一。

3. 斗争民主党

在野党,1999年成立。斗争民主党的前身是印尼民主党,1996年发生的民主党事件,即政府干涉民主党领导人选举,另立亲政府的苏尔瓦迪为主席,架空当选的梅加瓦蒂,是斗争民主党成立的导火线。也正是因为1996年事件,使梅加瓦蒂声名鹊起,并于1999年成立斗争民主党,并在当年的大选中获胜,成为国会第一大党;2004年大选不敌专业集团党;2009年大选以14%的选票沦为国会第三大党。

斗争民主党自成立以来,一直以坚持苏加诺主义、亲贫民为其主要理念,深得底层百姓拥护。梅加瓦蒂在2010年总主席选举中再次连任。

4．福利公正党

伊斯兰政党之一。福利公正党原名正义党，成立于1998年，2002年4月改名为福利公正党。2004年第一次参加大选就获得7.34%的好成绩，2009年大选获得7.9%的选票。执政党联盟之一。

5．民族使命党

伊斯兰政党之一，成立于1998年8月23日。民族使命党由50位社会知名人士发起，其中有前穆哈默迪亚总主席阿敏·赖斯、古纳万·穆哈默德、阿提拉·多哈、利扎尔·拉马里博士、法伊扎尔·巴斯里博士（印尼著名经济学家）等。民主使命党旨在为实现人民主权、社会正义和进步而努力。执政党联盟之一。

1999年大选，获得8%的选票；2004年大选，获得6.44%选票，并推举赖斯和尤多·胡索多（Siswono Yudo Husodo）为总统和副总统候选人，获得15%的全国选票；2009年大选获得6.25%的选票。

6．建设团结党

伊斯兰政党之一。1973年1月5日，由印尼伊斯兰教联盟党、伊斯兰教师联合会、白尔蒂伊斯兰教党和印尼穆斯林党4个穆斯林政党合并而成的政党。

1999年大选，获得12%的选票，成为国会的第三大党；2004年获得8.15%选票；2009年只获得5.53%的选票。执政党联盟之一。

7．民族复兴党

伊斯兰政党之一。1998年6月23日，由伊斯兰教师联合会的长老们发起成立的伊斯兰政党，其中之一就是已故总统瓦希德。在2004年的大选中获得了10.57%的好成绩，2009年大选只获得4.6%的选票。执政党联盟之一。

8．大印尼运动党

在野党，2008年成立。普拉博沃（前陆军战略预备队司令部司令）退出专业集团党，于2008年7月12日正式加入大印尼运动党，担任指导委员会主席。2009年大选获得5.4%的选票，成为成功占据国会议席的九大党之一。

9．人民心声党

在野党，2006年在前武装部队总司令维兰托和其他一些社会人物的倡议下成立，参加2009年大选，获得3.8%的选票。

五、外交政策和对外交往

印尼共和国自独立以来，一直坚持以1945年宪法序言和国家方针大计1999年人民协商会议第4号决议为基础，奉行独立自主的外交政策。继续推行以东盟为基石的睦邻友好外交政策，加强与东盟国家特别是周边国家的关系，积极参与东盟行动，发挥其在东盟的领导作用，努力维护东盟的团结一致；积极加强与文莱、新加坡、马来西亚、澳大利亚等周边国家的关系，与中国关系保持良好的发展势头；同时也展开多元外交，积极发展与美国、日本、印度和欧洲的关系；重视经贸外交，积极推动双、多边自由贸易安排，已与澳大利亚、日本、印度、新西兰等国签署了双边自由贸易协定或经济伙伴关系，与美国、欧洲等多国双边自由贸易协定正在洽谈过程中，与中国在中国—东盟自贸区框架下已于2010年1月正式实施部分产品零关税或低关税。

目前，印尼已与160多个国家和地区建立了双边合作关系，这些合作伙伴主要位于非洲、中东、东亚、南亚、中亚、北美洲、中南美洲、西欧、中欧和东欧地区；印尼十分重视国际及区域、次区域合作，积极参与伊斯兰会议组织、15国集团、不结盟运动、77国集团、亚太经济合作组织（APEC）、亚欧会议（ASEM）、世界贸易组织（WTO）、东盟地区论坛（ARF）、亚洲合作对话等众多国际组织的活动；2008金融危机后，印尼因实现经济平稳增长，成为G20成员之一。

第二章
经济概况

本章导读

☆ 印尼是个资源大国，有各种得天独厚的资源，然而印尼独立后几十年来的经济发展并不顺利。苏加诺政府时期政治动荡，经济发展处于崩溃边缘。苏哈托执政时期经济增长较快，但经济结构并不合理，1998年金融危机对印尼冲击很大。苏哈托垮台后印尼进入改革时期，经济呈现恢复性增长，但失业和贫困问题却长期困扰印尼的发展。

第一节 建国以来的经济简介

一、苏加诺时期（1945—1965年）

苏加诺时期的印尼经济有所增长，但就总体表现而言却是差强人意。如表2-1所示：

表2-1　1951—1966年印尼的经济增长

年份	指数 （1951年=100）	增长 （%）	年份	指数 （1951年=100）	增长 （%）
1951	100	—	1959	149.1	-1.9
1952	103.8	3.8	1960	146.8	-1.5
1953	126.8	22.1	1961	149.4	1.7
1954	128.6	1.4	1962	145.3	-2.7
1955	133.4	3.7	1963	141.4	-2.7
1956	136.4	2.2	1964	144.7	2.4
1957	144.4	5.8	1965	145.5	0.5
1958	152	5.3	1966	146.4	0.6

资料来源：Dumairy，1996年。

主要原因有三。

第一，外部环境不利。先是20世纪40年代末印尼先后两次面临荷兰殖民者的殖民战争，拖慢了印尼的经济建设步伐。其次是印尼建国初期，民族主义情绪高涨，苏加诺对外采取强硬路线，与邻国马来西亚搞对抗、压制华人经济迫使中国撤侨、对西方采取敌视态度，种种行动虽然迎合了国内的民族主义情绪，但客观上却使印尼很难得到国际上的资本援助与技术支持。再加上苏加诺政权末期对伊里安查亚用兵,国内大印钞票,通货膨胀横行,最高的时候曾一度达到650%。表2-2、表2-3可以看得出1955—1966年国民经济的艰难情况。

表2-2 1955—1965年印尼国家收支预算平衡

年份	收入（百万印尼盾）	支出（百万印尼盾）	结余（百万印尼盾）
1955	14	16	−2
1956	18	21	−3
1957	21	26	−5
1958	23	35	−12
1959	30	44	−14
1960	50	58	−8
1961	62	88	−26
1962	75	122	−47
1963	162	330	−168
1964	283	681	−393
1965	923	2526	−1603

资料来源：Mas'oed，1989年。

表2-3 1955—1966年印尼的通货膨胀与流通的货币量

年份	价格指数（1954年=100）	流通的货币量（百万印尼盾）	年份	价格指数（1954年=100）	流通的货币量（百万印尼盾）
1955	135	12.2	1961	644	67.6
1956	133	13.4	1962	1648	135.9
1957	206	18.9	1963	3770	263.4
1958	243	29.4	1964	8870	675.1
1959	275	34.9	1965	61,400	2582
1960	330	47.9	1966	152,200	5593.4

资料来源：Arndt，1994年。

第二，内部环境不利。印尼建国初期，国内局势动荡不定，先是苏门答腊和苏拉威西等地发生武装叛乱，然后是国内政治纷争不断，议会民主时期内阁更迭频繁，平均下来每个内阁执政不超过1年。内耗连连，即使有很好的经济建设计划也很难顺利进行下去。

第三，治理不善。印尼建国初期，经济架构基本上还是殖民时代遗留下来的。战乱刚刚结束，国内此时千头万绪一穷二白，需休养生息以恢复元气。苏加诺政权却把注意力放在民族主义运动上，而不是国内经济建设。宏观经济管理方面表现极差，如滥印钞票，又比如将外资公司（特别是荷兰人的公司）收归国有之后，缺乏有效管理，经济表现反而比荷兰殖民时代还要差。

纵观旧秩序时期，国内生产陷于停滞，非油气出口没有增长，通货膨胀节节攀升，基础设施得不到改善，人民生活困苦。如此一来，政权的更迭就有了因经济得不到改善的合理性和正当性。

二、苏哈托时期（1966—1998年）

苏哈托上台执政之后，马上将注意力集中到经济建设上来。政治上缓和与邻国马来西亚的紧张状态，与西方建立良好关系，为国民经济建设提供了一个良好的国际环境。实行对外开放政策，从西方国家大力引进外资和技术，从而使濒临崩溃的国民经济走上健康快速发展的道路，印尼人民的生活水平也因此水涨船高得以改善。

苏哈托上台初期，着手恢复社会秩序的稳定，经济上采取积极恢复的措施，改善民生福利。短时间内，就将高居不下的通货膨胀率压制到个位数字。同时削减政府财政赤字，刺激国内生产活动,加大出口。种种措施使国际社会与民众对印尼经济的发展恢复信心。自1969年第一个五年计划开始实施以来,印尼同世界银行、国际货币基金组织、亚洲发展银行紧密合作,得到大量注资,印尼经济也自此开始腾飞。如图2-1、图2-2所示:

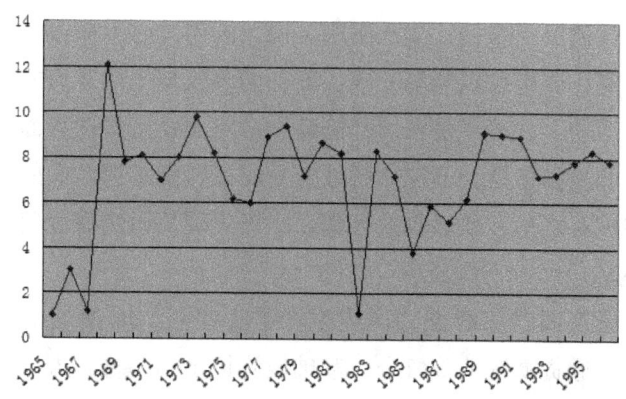

图2-1 新秩序时期印尼国内生产总值(GDP)增长示意图(%)
资料来源:印尼中央统计局。

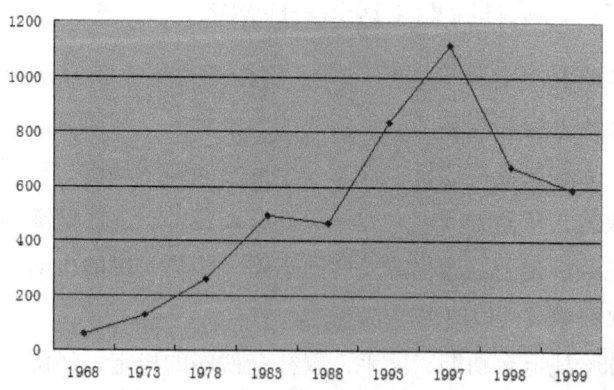

图2-2 新秩序时期印尼人均国民收入增长示意图(美元)
资料来源:IMF数据库。

1969—1990年，印尼GDP的增长速度平均在7%以上。80年代末90年代初的时候，印尼则出现了每年约9%的经济高速增长，在整个西方经济整体处于低迷的情况下，尤其引人瞩目。也正因为如此，印尼与当时同样高速增长的泰国、马来西亚、菲律宾一起并称为"亚洲四小虎"。人民生活水平也不断提高，人均国民收入从1968年的56.7美元提高至1993年的833.1美元，1997年更是到达顶峰，高达1120美元。

如图2-1所示，印尼在这段时期的经济增长也出现过波动，特别是80年代初期至中期之前的那一段时间。这主要是由外部因素造成的，当时国际原油价格暴跌，以美国为首的西方世界陷入经济衰退，对国际市场产品需求下降，这对依靠石油和农产品等出口的印尼经济不啻为一个沉重打击。印尼从此调整战略，开始注意提高非油气产品的出口。如图2-3所示：

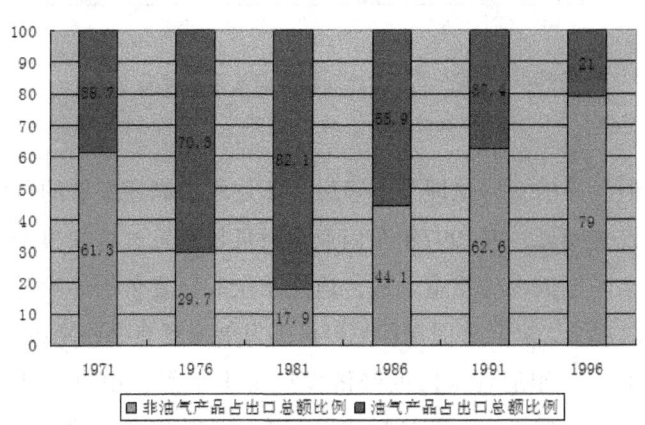

图2-3　印尼油气与非油气产品出口额对比示意图（%）
资料来源：印尼中央统计局。

苏哈托掌权32年间，印尼经济持续增长，所取得的经济成就有目共睹。那么，新秩序政权成功的原因是什么呢？第一，苏哈托采取对外开放政策，实施自由市场经济，从西方国家那里得到大量借贷、投资和技术转让。第二，对内采取铁腕统治，在其当政期间实现了国内政治、经济的稳定，为经济增长创造了条件。又允许华人参与经济活动，为印尼经济建设增添了活力。第三，实施"专家治国"方略，制定5年经济建设计划，战略得当，成效显著，如图2-4所示：

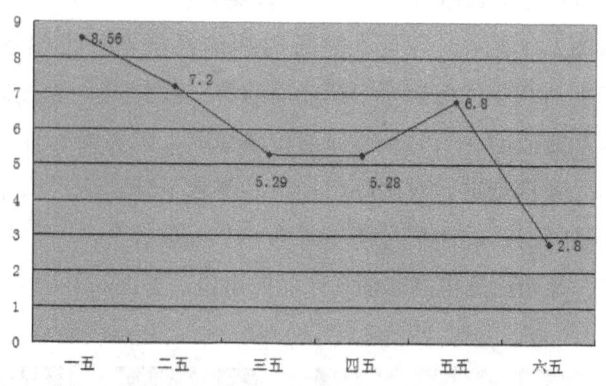

图2-4　印尼5年建设计划经济增长率示意图（%）
资料来源：印尼中央统计局。

但风光的背后也埋下了隐患，印尼经济高速发展的背后也存在许多问题。在1997年东南亚金融危机爆发，席卷整个印尼之际，印尼国内的重重矛盾，迫使掌权32年之久的苏哈托黯然下台。那么，新秩序时期印尼经济的发展究竟有哪些隐患呢？

第一，印尼各地区的经济发展极不平衡，中央与地方的财政收入分配不公。苏哈托政权实施"爪哇优先"的经济发展战略，认为爪哇岛的基础设施与人力资源比所有外岛要好，所以要优先发展。等爪哇岛发展好了，按照经济"溢出效应"的理论，其他外岛也会跟着受益。但从实际效果来看，情形并非如此。就是在爪哇岛上，也主要只是首都雅加达及其他大城市受益。造成的后果就是很多外岛基础设施建设相对滞后，经济发展相对缓慢，也在事实上造成了印尼东西部经济发展的不平衡。另外在收入分配上，在一些矿产资源丰富的外岛，中央与地方政府的比例为4∶1，有的甚至达到9∶1，这让地方经济举步维艰、发展缓慢。如亚齐与巴布亚地区，尽管矿产资源丰富，日子却越过越穷，客观上给国家留下了分离主义的隐患。

第二，太过依赖外资，外债负担日渐沉重，而政府对此缺乏警醒。表2-4可以清楚看到，东盟国家中，除了1998年的新加坡，其他时候印尼所欠外债都是排在首位的。而当时大部分外资是以短期形式进入市场，在1997年金融危机爆发之时，得以短时间内突然大规模从印尼撤离，造成印尼盾一贬再贬，印尼经济也被拖入经济危机的泥潭。

表2-4　东盟国家1990—1998外债数量一览表（百万美元）

国家	1990	1995	1996	1997	1998
柬埔寨	1845	2284	2354	2383	2465
印尼	69,872	124,398	128,937	136,273	151,347
老挝	1768	2165	2263	2320	2437
马来西亚	15,328	34,343	39,673	47,228	42,409
缅甸	4695	5771	5184	5503	5647
菲律宾	30,580	39,379	44,001	50,706	53,608
新加坡	3772	8368	9803	13803	266,860
泰国	28,094	100,039	112,838	109,699	104,917
越南	23,270	25,428	26,255	21,777	22,458

说明：不包括文莱，因为文莱没有外债。
资料来源：亚洲发展银行数据库。

第三，贫富差距悬殊，贪污腐败横行。政府在宏观经济方面表现突出，但在微观经济方面却是不尽如人意。虽然新秩序时期贫困人口数量不断下降，从1976年的5400万下降至1996年的3400多万,但贫富差距却在不断扩大。由于其经济建设的特点(爪哇优先,尤其是首都经济圈),使得经济成就的成果为一小部分阶层的人所获得,广大印尼人民得到的份额很少。贪污、官商勾结、裙带之风在官僚阶层屡见不鲜,却很难解决,有印尼学者称之为"制度性的腐败"。1999年之前腐败主要集中在中央政府里头,1999年之后开始实行地方自治,腐败开始扩散至各个地方。1999年美国《时代》周刊亚洲版发表文章,称苏哈托家族拥有150亿美元的财富。腐败得来的财富使得印尼官僚阶层形成了一个十分独特的中产阶级。表2-5可以看到近年来印尼的腐败情况逐渐有所改善,表2-6为国际透明组织公布的印尼最腐败的机构。

表2-5　2000—2008年印尼清廉指数与腐败排名

年份	清廉指数	腐败排名(国家数量)
2000	1.7	85(90)
2001	1.9	84(91)
2002	1.9	96(102)
2003	1.9	122(133)
2004	2.0	133(145)
2005	2.2	137(159)
2008	2.6	126(180)

说明:清廉指数0=最坏,10=最好。
资料来源:国际透明组织,2009年。

表2-6　2006—2007年印尼最腐败的机构

序号	2006年		2007年	
	机构	印象指数	机构	印象指数
1	立法/议会	4.2	警察	4.2
2	法庭	4.2	法庭	4.1
3	警察	4.2	立法/议会	4.1

续表

序号	2006年		2007年	
	机构	印象指数	机构	印象指数
4	政党	4.1	政党	4
5	许可/注册	3.6	许可/注册	3.8
6	企业界	3.6	税务	3.6
7	税务	3.4	企业界	3.1
8	军队/印尼国军	3.3	公共工程	3.1
9	教育	3.3	军队/印尼国军	3
10	医疗	3	教育	3
11	公共工程	2.9	非政府组织	2.8
12	非政府组织	2.8	医疗	2.8
13	媒体	2.9	媒体	2.5
14	宗教部门	2.3	宗教部门	2.2

资料来源：国际透明组织，2008年。

三、改革时期（1999年至今）

印尼政府从1997年东南亚金融危机中吸取教训，开始注意控制外债的数量与规模，出台了一些法规条例，对外资外债进行监管。如2003年分别出台第17号法令和第23号政府条例，规定中央和地方政府的财政赤字不得超过中央和地方政府GDP的3%，以前所累积的借贷不得超过GDP的60%。这些措施使印尼在最近的全球金融危机中受其影响较小，经济增长表现比较突出（见图2-5）。如表2-7所列，外债数量总体上呈下降趋势。与其他东盟国家相比，印尼的财政赤字相对较小（见表2-8）。

表2-7　印尼1999—2006年外债数量（百万美元）

国家	1999	2000	2001	2002	2003	2004	2005	2006
印尼	151,332	144,159	133,828	132,839	136,654	139,402	130,709	130,956

资料来源：亚洲发展银行数据库。

表2-8　1999—2007年东盟国家财政赤字占国内生产总值（GDP）的比例（%）

国家	1999	2000	2001	2002	2003	2004	2005	2006	2007
文莱	-1.4	10.9	0.4	-9.9	-1.7	13.5	25.2	12.8	—
柬埔寨	-1.2	-2.1	-3.1	-3.4	-4.0	-2.0	-0.5	-0.8	-1.2
印尼	-2.5	-1.1	-2.4	-1.5	-1.7	-1.0	-0.5	-0.9	-1.2
老挝	-2.5	-4.3	-4.2	-3.2	-5.4	-2.4	-4.3	-3.2	-2.7
马来西亚	-3.2	-5.5	-5.2	-5.3	-5.0	-4.1	-3.6	-3.3	-3.2
缅甸	-0.3	-0.7	—	—	—	—	—	—	—
菲律宾	-3.8	-4.0	-4.0	-5.3	-4.6	-3.8	-2.7	-1.1	-0.2
新加坡	7.1	10.0	5.1	4.8	3.1	4.1	6.8	6.7	—
泰国	-3.3	-2.2	-2.4	-1.4	0.4	0.1	-0.6	1.1	-1.7
越南	-3.3	-4.3	-3.5	-2.3	-2.2	0.2	-1.1	-1.8	-5.4

资料来源：亚洲发展银行数据库。

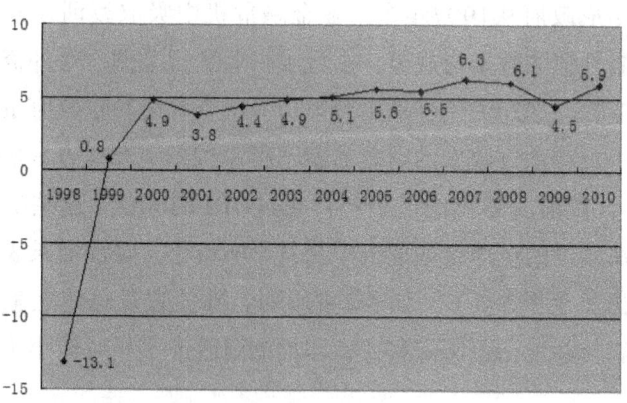

图2-5　印尼1998—2009年国内生产总值（GDP）增长率示意图（%）

说明：2010年数据来自2011年1月14日《Kompas》的报道。
资料来源：印尼中央统计局。

印尼政府对未来经济增速感到乐观,因为进入21世纪以来它的一些宏观经济数据让人信服。如图2-6所示,2004年印尼的人均国民收入基本上达到了1997年东南亚金融危机爆发之前的水平。通货膨胀也处于可控制的范围内(见表2-10所列)。

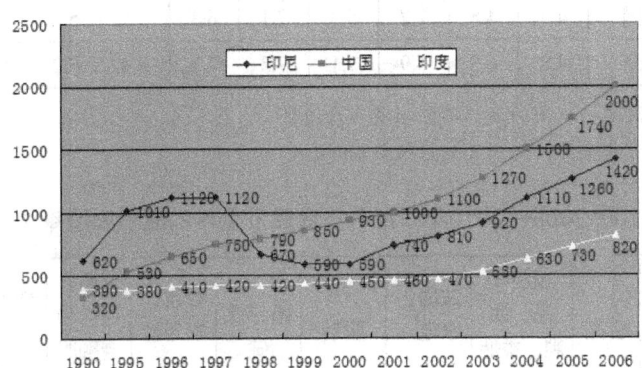

图2-6 1990—2006年中国、印度和印尼的人均国民收入一览表(美元)

资料来源:亚洲发展银行数据库。

表2-9 1999—2007年中国、印度和东盟国家实际国内生产总值增长率一览表(%)

国家	1999	2000	2001	2002	2003	2004	2005	2006	2007
中国	7.6	8.4	8.3	9.1	10.0	10.1	10.4	11.1	11.9
印度	6.4	4.4	5.8	3.8	8.5	7.5	9.4	9.6	8.7
东盟国家									
文莱	3.1	2.8	2.7	3.9	2.9	0.5	0.4	4.4	0.6
柬埔寨	12.6	8.4	7.7	7.0	8.5	10.3	13.3	10.8	10.2
印尼	0.8	4.9	3.8	4.3	4.8	5.0	5.7	5.5	6.3
老挝	7.3	5.8	5.8	5.9	5.8	6.9	7.3	8.3	7.5
马来西亚	6.1	8.9	0.5	5.4	5.8	6.8	5.0	5.9	6.3

续表

国家	1999	2000	2001	2002	2003	2004	2005	2006	2007
缅甸	11.0	13.8	11.3	12.0	13.8	13.6	13.6	12.7	—
菲律宾	3.4	4.4	1.8	4.4	4.9	6.4	5.0	5.4	7.2
新加坡	7.2	10.1	-2.3	4.0	3.5	9.0	7.3	8.2	7.7
泰国	4.4	4.8	2.2	5.3	7.1	6.3	4.5	5.1	4.8
越南	4.8	6.8	6.9	7.1	7.3	7.8	8.4	8.2	8.5

说明：中国的数据不包括港澳台地区

资料来源：亚洲发展银行数据库。

表2-10　2006—2010年印尼各类商品及全年的通货膨胀率（%）

年份	食品	预制食品、饮料、香烟和烟草	住房、水电、油气	服装	医疗保健	教育、娱乐和体育	交通、通信和金融服务	全年通货膨胀率
2006	12.94	6.36	4.83	6.84	5.87	8.13	1.02	6.60
2007	11.26	6.41	4.88	8.42	4.31	8.83	1.25	6.59
2008	16.35	12.53	10.92	7.33	7.96	6.66	7.49	11.06
2009	3.88	7.81	1.83	6.00	3.89	3.89	-3.67	2.78
2010	15.64	6.96	4.08	6.51	2.19	3.29	2.69	6.96

资料来源：印尼中央统计局。

当然，这过程当中也遭遇一些挫折与波动。一些是自然灾害造成的，如2004年年末发生的亚齐海啸、2006年日惹地震、2010年默拉皮火山爆发，等等。一些则是由于外部因素造成，如2008年印尼面临的三重危机，即能源危机、粮食危机和金融危机，致使当年的通货膨胀率高达11.06%（见表2-10所列）。还有一些则是历史遗留问题造成。如印尼新秩序时期靠油气出口拉动经济，2008年9月却不得不宣布退出石油输出国组织

（OPEC），因为此时印尼不仅成了一个石油净进口国家，还超过日本成为亚洲最大的燃油进口国。又比如印尼每年需进口大量商品，这些商品要么是生活必需品，要么就是国内生产的必需品。有学者称，这是由于苏哈托政权的工业政策造成的。新秩序时期的工业政策太过集中在上游和下游的工业（主要是加工业）发展上，以至于国家在中游工业的发展上相当落后。

印尼自1999年开始进入民主转型时期，也自这一年开始实施真正的地方自治。虽然，与同样遭受东南亚金融危机沉重打击的韩国、泰国相比，印尼的经济复苏显得较为缓慢，但就整体而言，它的经济运行较为顺畅。尤其是在最近的金融危机当中，印尼表现良好，人们有理由对它将来的发展抱有期待。

第二节　各经济领域的最新发展

印尼是东南亚最大的经济体，它的经济总量在全世界排名第16位，国内资源丰富，经济潜力不可小视。经过几十年的发展，印尼经济取得了长足的进步，国际地位也水涨船高，成为20国集团成员国之一。但印尼的缺陷也很明显，与邻国马来西亚相比，印尼的人力资源质量不高，科技的发展也不是太快，国内官僚机构工作效率低下，基础设施建设相对滞后，这些因素拖累了印尼经济的进一步发展。

另外，一些印尼经济学家还指出，印尼缺乏战略眼光，没有一个全局而又集中的战略计划来发展印尼经济，很多时候印尼政府只是事到临头才开始被动反应。

一、农业

苏哈托执政期间，农业和工业一直都是印尼优先发展的产业。政府通过各种手段来推进农业现代化，这种战略被形象地称为"绿色革命"。对当时的政府来说，发展农业既可以提供国家所需要的粮食，又可以解决就业、减少贫困人口。因为从历史发展的轨迹来看，印尼就是一个农业大国（即使到现在农业依然占据重要地位，见表2-11），爪哇更是著名的稻米生产中心。1969年，农业贡献了全国50%的GDP，吸收了约70%的劳动力，在非油气出口领域也占据了约50%的出口份额。苏哈托政权花了大力气来发展农业，60年代末曾拿出财政支出30%的资金来建路搭桥、兴修水利，以此来提高农业产量。这一举措也确实收到了成效，粮食产量逐步提升，1984年更是实现了粮食自给，见表2-12所列。

表2-11 1999—2007年印尼从事农业和非农业领域的印尼劳工数量一览表

年份	就业人数（人）		劳工总数（人）
	农业领域	非农业领域	
1999	38,378,133	50,438,726	94,847,178
2000	40,676,713	49,161,017	95,650,961
2001	39,743,908	51,063,509	98,812,448
2002	40,633,627	51,013,539	100,779,270
2003	43,042,104	49,768,687	102,630,802
2004	40,608,019	53,114,017	103,973,387
2005	41,814,197	53,133,921	105,802,372
2006	42,323,190	52,853,912	106,281,795

续表

年份	就业人数（人）		劳工总数（人）
	农业领域	非农业领域	
2007	42,608,760（39.40%）	54,974,381（50.84%）	108,131,058（100%）

资料来源：Apriyantono，2008年。

表2-12 新秩序时期使用耕地的数量、增长速度以及农业投入

项目	数量				增长速度（每年%）			
	1961—1965	1971—1975	1981—1985	1991—1995	1961—2000	1961—1967	1968—1992	1993—2000
耕地（百万公顷）	17.6	18.9	26.0	32.2	2.0	0.3	2.3	2.1
灌溉耕地（百万公顷）	2.4	2.7	3.3	4.6	1.8	1.4	2.3	0.3
人造肥（百万吨）	0.1	0.4	1.7	2.5	10.6	1.7	16.0	0.1
机器（百万马力）	0.1	0.2	0.2	0.6	11.5	7.5	14.3	5.9
每公顷使用肥料（公斤）	6.9	22.7	64.0	76.3	8.5	1.3	13.6	-2.0

资料来源：Fuglie，印尼中央统计局和世界农业组织，2004年。

进入改革时期以后，农业继续得到发展，见表2-13所列，除了产量逐年增加，生产率也得到进一步的提高。爪哇作为印尼的稻米中心，农业最发达，技术灌溉的耕地面积居全国之首，远远高于其他岛屿（见表2-14所列）。苏门答腊虽然可灌溉的耕地总面积与爪哇相去不远，但就灌溉的技术质量而言还是差了很多。

表2-13　1999—2009年印尼玉米、稻谷、黄豆产量及生产率一览表

年份	玉米			稻谷			黄豆		
	收割面积（公顷）	生产率(数量/公顷)	产量（吨）	收割面积（公顷）	生产率(数量/公顷)	产量（吨）	收割面积（公顷）	生产率(数量/公顷)	产量（吨）
1999	3,456,357	26.63	9,204,036	11,963,204	42.52	50,866,387	1,151,079	12.01	1,382,848
2000	3,500,318	27.65	9,676,899	11,793,475	44.01	51,898,852	824,484	12.34	1,017,634
2001	3,285,866	28.45	9,347,192	11,499,997	43.88	50,460,782	678,848	12.18	826,932
2002	3,126,833	30.88	9,654,105	11,521,166	44.69	51,489,694	544,522	12.36	673,056
2003	3,358,511	32.41	10,886,442	11,488,034	45.38	52,137,604	526,796	12.75	671,600
2004	3,356,914	33.44	11,225,243	11,922,974	45.36	54,088,468	565,155	12.80	723,483
2005	3,625,987	34.54	12,523,894	11,839,060	45.74	54,151,097	621,541	13.01	808,353
2006	3,345,805	34.70	11,609,463	11,786,430	46.20	54,454,937	580,534	12.88	747,611
2007	3,630,324	36.60	13,287,527	12,147,637	47.05	57,157,435	459,116	12.91	592,534
2008	4,001,724	40.78	16,317,252	12,327,425	48.94	60,325,925	590,956	13.13	775,710
2009	4,160,659	42.37	17,629,748	12,883,576	49.99	64,398,890	722,791	13.48	974,512

资料来源：印尼中央统计局。

表2-14　2004年印尼灌溉过的耕地组成一览表

耕地类型	耕地面积（公顷）					
	苏门答腊	爪哇	巴厘、东努沙登加拉、西努沙登加拉	加里曼丹	苏拉威西	总计
技术灌溉的	321,234	1,516,252	84,632	24,938	262,144	2,209,200
半技术灌溉的	257,771	402,987	173,364	33,297	121,402	988,821
农村灌溉的	455,235	615,389	92,070	189,326	234,933	1,586,953

续表

耕地类型	耕地面积（公顷）					
	苏门答腊	爪哇	巴厘、东努沙登加拉、西努沙登加拉	加里曼丹	苏拉威西	总计
靠蓄雨水灌溉的	550,440	777,029	68,380	339,705	279,295	2,015,349
洼地类型的	288,661	776	29	323,556	2,179	615,201
退潮后的	230,621	4,144	72	97,603	884	333,324
总计	2,103,962	3,316,577	418,547	1,008,425	900,837	7748,848

资料来源：印尼农业部2004年的农业数据。

随着工业化进程的开展及深入，印尼逐渐由一个农业国家向工业国家转变。农业不再像以前那样被列为优先发展的目标，对GDP的贡献也逐渐下降，见表2-15所列。政府投入减少，相比其他产业，农业的发展速度显得较为缓慢，见表2-16所列。

表2-15　1968—2006年三大产业对国内生产总值（GDP）的贡献（%）

产业	1968	1988	1990	1995	2000	2002	2003	2004	2005	2006
农业	51.0	24.1	19.4	17.1	15.6	15.5	15.2	14.3	13.1	13.6
工业	8.5	18.5	39.1	41.8	45.9	44.5	43.7	44.6	46.8	47.0
服务业	36.3	45.2	41.5	41.1	38.5	40.1	41.1	41.0	40.2	40.1

注：1. 该表根据当前价格制定。

2. 农业数据包括渔业、畜牧业、林业和种植园业。

3. 工业1968和1988年数据指制造业。

资料来源：亚洲发展银行数据库。

表2-16 2001—2007年（第3季度）各行业的GDP增长速度（%）

行业	时段							
	2001	2002	2003	2004	2005年上半年		2007年第3季度	
					对比2004年上半年	对比2004年下半年	对比2006年第3季度	增长源（同比）
农业	3.1	3.2	4.3	4.1	0.3	5.1	8.9	1.3
矿业	0.3	1.0	-0.9	-4.6	-0.9	-5.5	1.8	0.2
制造业	3.3	5.3	5.3	6.2	6.8	2.7	4.5	1.2
水电、燃气	7.9	8.9	5.9	5.9	7.7	3.6	11.7	0.1
建筑	4.6	5.5	6.7	8.2	7.4	0.7	7.5	0.5
贸易、酒店和餐馆	4.4	3.9	5.3	5.8	9.7	3.0	6.9	1.2
交通和通信	8.1	8.4	11.6	12.7	13.5	4.7	12.5	0.8
金融、租赁和服务公司	6.6	6.4	7.0	7.7	8.2	4.0	8.0	0.7
其他服务行业	3.2	3.8	3.9	4.9	4.6	2.5	5.7	0.5
GDP	3.8	4.4	4.9	5.1	5.9	2.4	6.5	6.5
去除油气的GDP	5.1	5.1	5.8	6.2	7.0	3.1	6.9	6.4

说明：所指农业包含渔业、林业、畜牧业和种植园业在内。
资料来源：印尼中央统计局。

如表2-17所列，"绿色革命"实施前，灌溉的耕地（包括技术和非技术灌溉）每年平均增长1.4%，"绿色革命"实施后（1968—1992年），提高至2.3%。之后则跌落至0.3%。印尼虽一度曾实现过粮食自给，但随着人口的增长、工业发展对耕地的侵占，很快印尼又成了粮食进口国（如图2-7所示）。1998年进口大米410万吨。2008年虽然实现了大米的自给自足，但是世界粮食危机的爆发使得黄豆价格上升，印尼人民的传统食品——豆酵饼变成没有黄豆的大饼。印尼前人民协商会议（MPR）议长阿敏·赖斯（Amien Rais）曾说，印尼是农业进口国，大米、黄豆等基本食品进口要占一半或以上，严重影响国计民生，从这个意义上来说印尼还没有完全独立。

表2-17　印尼平均每年农业灌溉的面积和增长速度

时段	面积（百万公顷）	时段	每年增长速度（%）
1961—1965	2.4	1961—2000	1.8
1971—1975	2.7	1961—1967	1.4
1981—1985	3.3	1968—1992	2.3
1991—1995	4.6	1993—2000	0.3

资料来源：Fuglie，印尼中央统计局和世界农业组织，2004年。

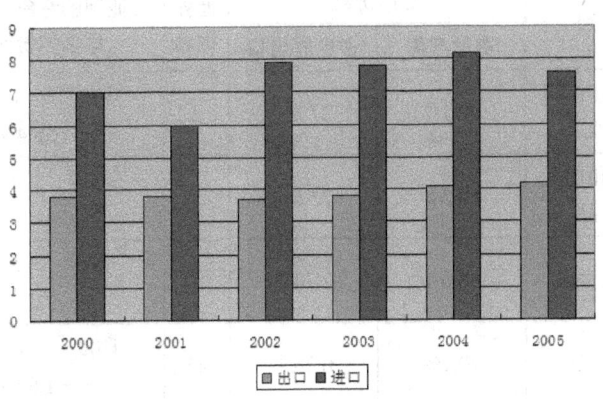

图2-7　2000—2005年印尼农产品进出口数量一览表（单位：百万吨）

资料来源：印尼央行。

1. 印尼土地的构成

据2007年《罗盘报》报道,印尼的耕地面积只占陆地总面积的4.5%。种植园约占8.5%,7.8%属于旱地,13%为房屋、旱田、茅草地,63%为森林区域。据印尼中央统计局估计,2030年印尼的大米需求将达到5,900万吨,而2007年印尼稻米种植面积为1,160万公顷,为支持此需求将需要额外的1,180万公顷的耕地。

2. 印尼优质农产品

印尼地处热带,自然资源非常丰富,农产品也不例外。目前,印尼油棕及棕榈油、橡胶及加工品的出口都占全世界第二,如表2-18所列。木材及加工产品出口占世界第十。政府也努力发展优质农产品,规定了一些政府扶持的优先发展的农产品,如表2-19所示。

表2-18 印尼优质农产品的世界排名和所占份额

类别	出口份额		世界排名	亚洲的竞争对手排名和份额
	占总产量	占世界出口		
油棕和棕榈油	32.1%	27.5%	2	马来西亚(1)——58.4%
橡胶和加工产品	60.3%	27.5%	2	泰国(1)——41.8%
加工食品	56.6%	2.74%	10	泰国(2)——7.24%
纺织品	70.1%	0.23%	45	印度(12)——1.69%
木材和加工产品	71.0%	2.02%	10	马来西亚(7)——3.74%

资料来源:印尼央行。

表2-19 印尼优质农产品情况一览

农产品	交易方式和前向-后向联系	消费方式，生产和投入	政府优先	优质产品
稻谷/大米	-	V	V	V
玉米	-	V	V	V
大豆	-	-	V	V
纺织品（棉花）	V	V	-	-
橡胶	V	V	V	V
油棕	V	V	V	V
椰子	-	V	V	V
可可	-	-	V	-
甘蔗	-	-	V	-
丁香	-	-	V	-
香蕉	-	V	V	V
柑橘	-	V	V	-
木材/木制品	V	V	-	V
药用植物	-	-	V	-
红洋葱	-	-	V	-
兰花	-	-	V	-
黄牛	-	V	V	V
家禽	-	V	V	V
山羊/绵羊	-	V	V	V
鱼虾	V	V	-	V

注：表格中符号"-"表示"否"，"V"表示"是"。
资料来源：印尼央行。

二、工业

1. 印尼工业的性质与组成

如表2-20所示，印尼自20世纪90年代中期以后开始转型，由农业占主导的国家转变为工业占主导的国家。按照传统的产业经济学的观点来看，印尼的工业主要是由轻工业组成，具体来说就是加工制造业。这在大部分发展中国家比较常见，如中国20世纪80—90年代的珠江三角洲。经过40多年的发展，尤其是发展迅猛的新秩序时期，印尼工业的年平均发展速度达到了约10%，见表2-21所列，由占GDP的8%（1961—1965）提高到了29%（2000—2005），为印尼经济作出了较大贡献。

表2-20　1961—2005年印尼各经济领域的GDP值及所占比例
（当前价格，10亿印尼盾）

经济领域	1961—1965	1966—1970	1971—1975	1976—1980	1981—1985	1986—1990	1991—1995	1996—2000	2000—2005
农业	4149.7	921.9	2738.7	7541.9	17,891.5	33,915.5	59,677.0	159,029.3	313,021.1
	55.8%	50.9%	37.6%	29.9%	25.9%	27.3%	20%	17.2%	14.9%
矿业及开采	254.9	83.4	1265.0	5810.2	14,397.3	18,774.6	33,301.8	99,919.2	198,360.4
	3.6%	3.7%	13.8%	21.3%	21.3%	14.9%	11.6%	10.4%	9.3%
加工业	541.6	165.9	687.3	1725.6	2693.9	5102.3	57,942.3	242,994.5	611,457.1
	8.0%	8.6%	9.1%	7.5%	3.7%	4.1%	15.7%	26.2%	29.0%
贸易、酒店和餐馆	151.3	295.0	1324.1	4025.4	11,799.5	24,880.9	54,896.3	146,749.3	343,341.7
	2.4%	11.4%	17.7%	15.8%	17.05	19.9%	18.0%	15.9%	16.2%
其他	414.8	79.5	334.9	1319.0	4464.2	8428.4	21,511.1	54,482.2	130,234.4
	6.0%	5.1%	4.3%	5.1%	6.4%	6.8%	7.05	6.0%	6.1%
GDP	7171.5	1863.7	7689.8	25,698.1	69,103.1	124,815.4	313,372.7	921,103.5	2,117,351.4

资料来源：印尼央行。

表2-21　1961—2005年印尼各经济领域的GDP年增长速度　（%）

经济领域	1961—1965	1966—1970	1971—1975	1976—1980	1981—1985	1986—1990	1991—1995	1996—2000	2000—2005
农业	1.4	3.8	3.1	4.0	4.1	3.0	2.9	1.4	3.3

续表

经济领域	1961—1965	1966—1970	1971—1975	1976—1980	1981—1985	1986—1990	1991—1995	1996—2000	2000—2005
矿业及开采	2.2	15.8	9.6	4.8	-2.1	2.6	4.6	1.9	-0.6
加工业	1.9	7.7	10.1	15.1	9.4	10.7	10.5	3.1	5.0
贸易、酒店和餐馆	0.8	95.3	9.8	7.5	5.6	8.4	7.4	0.3	5.6
其他	3.8	24.2	13.3	12.5	6.9	8.8	9.6	1.2	7.0
GDP	1.9	10.0	7.9	7.7	4.4	6.5	7.3	0.9	4.7

表2-22、2-23、2-24分别展示了2001—2007年及2001—2005年印尼各工业领域的企业数量、附加值及劳工生产率。印尼工业主要由这些行业组成。

表2-22　2001—2007年印尼各工业领域企业数量表

工业领域	2001	2002	2003	2004	2005	2006	2007
餐饮	4,559	4,551	4,414	4,639	4,722	6,615	6,341
烟草	810	814	788	810	858	1,286	1,208
纺织品	1,901	1,892	1,847	1,892	1,934	2,809	2,820
成衣	2,123	2,028	1,883	1,908	1,922	3,256	2,917
皮及皮制品	564	533	512	492	491	813	764
木材、木制品和编织品	1,668	1,629	1,450	1,411	1,325	1,782	1,648
纸及纸制品	388	340	375	394	413	526	553
出版、印刷及复印	537	593	545	535	545	897	789
煤、油气和核燃料	48	40	54	48	52	73	96
化工	1,089	1,014	1,003	1,020	1,011	1,179	1,151
橡胶及塑料制品	1,416	1,466	1,422	1,487	1,477	1,847	1,774

续表

工业领域	2001	2002	2003	2004	2005	2006	2007
非金属矿物	1,657	1,612	1,518	1,507	1,523	2,047	1,916
基本金属	239	223	209	230	211	276	260
金属制品及设备	906	930	896	880	859	1,020	981
机器及设备	529	474	390	408	410	477	436
办公用品、会计及数据处理	9	9	8	7	7	10	10
其他电机及设备	235	244	247	249	252	279	285
收音机、电视和其他通信工具	141	167	206	219	191	227	227
医疗器械、测量仪、导航工具、光学仪器和钟表	69	52	49	47	47	61	70
汽车	216	270	256	261	262	336	302
其他运输工具	354	329	334	323	297	380	380
家具和其他加工业	1,914	1,898	1,855	1,856	1,865	3,135	2,914
回收	24	38	63	62	55	137	156
总计	21,396	21,146	20,324	20,685	20,729	29,468	27,998

资料来源：印尼中央统计局。

表2-23　2001—2007年印尼各工业领域的附加值一览表（百万印尼盾）

工业领域	2001	2002	2003	2004	2005	2006	2007
餐饮	34,733	40,491	42,458	50,548	58,900	81,906	94,643
烟草	31,105	38,863	39,330	38,380	40,051	49,435	58,941
纺织品	16,659	22,558	23,473	26,381	26,233	37,529	39,336
成衣	9,033	12,585	12,634	12,156	11,806	19,358	21,165
皮及皮制品	7,233	7,357	8,215	6,980	7,686	10,391	9,366

续表

工业领域	2001	2002	2003	2004	2005	2006	2007
木材、木制品和编织品	18,076	19,054	18,328	17,491	16,001	14,627	18,015
纸及纸制品	16,546	21,045	23,543	24,013	24,128	30,715	32,579
出版、印刷及复印	1,110	3,102	3,465	5,116	5,010	6,499	7,517
煤、油气和核燃料	89	419	765	368	693	5,274	3,142
化工	28,559	31,791	38,319	34,042	43,395	58,242	79,776
橡胶及塑料制品	10,164	11,528	13,337	22,247	22,323	29,836	34,433
非金属矿物	13,248	13,339	13,668	16,637	19,215	18,915	24,040
基本金属	14,292	13,022	11,827	12,902	14,043	20,104	24,779
金属制品及设备	4,643	5,887	7,753	8,996	8,956	12,514	14,634
机器及设备	15,055	4,996	4,079	5,408	7,005	9,010	9,367
办公用品、会计及数据处理	19	33	58	57	645	114	264
其他电机及设备	6,334	5,065	5,372	8,190	9,360	10,807	12,113
收音机、电视和其他通信工具	9,000	15,086	15,934	18,015	15,506	18,364	18,331
医疗器械、测量仪、导航工具、光学仪器和钟表	645	423	466	540	696	2,148	1,882
汽车	18,171	25,209	18,811	28,782	42,981	46,367	40,919
其他运输工具	6,465	11,891	18,106	14,345	14,102	18,578	37,853
家具和其他加工业	5,363	6,151	6,787	7,276	7,649	13,021	14,735
回收	25	66	56	40	54	589	570
总计	266,564	309,959	326,784	358,910	396,438	514,343	598,400

资料来源：印尼中央统计局。

表2-24 2001—2005年印尼各工业领域的劳工生产率一览表
（百万印尼盾）

工业领域	2001	2002	2003	2004	2005
餐饮	187.72	213.66	248.61	233.74	320.5
烟草	235.62	205.86	204.19	200.01	218.02
纺织品	99.34	117.5	133.75	155.84	164.05
成衣	55.79	59.51	70.5	67.91	81.44
皮及皮制品	63.13	90.13	85.33	86.4	109.58
木材、木制品和编织品	98.89	104.45	132.79	127.18	143.36
纸及纸制品	412.53	623.88	469.7	480.83	570.95
出版、印刷及复印	76.36	111.57	142.46	240.39	286.72
煤、油气和核燃料	104.88	200.81	341.07	341.31	388.78
化工	387.31	454.01	429.33	454.51	527.53
橡胶及塑料制品	98.95	117.91	131.94	199.31	291.72
非金属矿物	136.06	140.07	154.31	221.29	225.92
基本金属	737.41	730.7	836.48	1055.31	1416.74
金属制品及设备	100.95	856.38	185.39	216.36	196.13
机器及设备	300.21	116.98	167.68	182.65	213.48
办公用品、会计及数据处理	20.03	38.76	29.36	32.45	476.5
其他电机及设备	277.86	203.96	226.87	433.08	314.26
收音机、电视和其他通信工具	340.31	377.59	329.95	582.07	201.82
医疗器械、测量仪、导航工具、光学仪器和钟表	91	77.8	100.69	116.79	135.96

续表

工业领域	2001	2002	2003	2004	2005
汽车	531.89	874.26	434.32	681.26	873.83
其他运输工具	436.63	407.34	535.27	521.91	613.34
家具和其他加工业	46.99	62.3	59.79	70.37	76.63
回收	84.31	93.53	85.06	77.3	93.97
总计	164.12	202.18	196.26	227.97	257.58

资料来源：印尼中央统计局。

2. 印尼的工业分布

由于新秩序时期的经济政策，爪哇岛已经发展成为印尼的工业中心。如表2-25所列，印尼超过80%的大中型企业都集中在爪哇岛，外岛不到20%。这种地区经济发展的极度不平衡不仅给印尼国家带来政治风险，也间接拖累了印尼经济的进一步发展。

表2-25 2001—2005年爪哇及外岛的大中型加工企业数量表

位于	2001	2002	2003	2004	2005
爪哇	17,413（81.38%）	17,118（80.95%）	16,607（81.71%）	16,901（81.71%）	16,995（81.99%）
外岛	3983（18.62%）	4028（19.05%）	3717（18.29%）	3784（18.29%）	3734（18.01%）
数量	21,396（100%）	21,146（100%）	20,324（100%）	20,685（100%）	20,729（100%）

资料来源：印尼中央统计局。

3. 印尼工业的一些特点

印尼央行报告指出，与全球金融危机爆发前相比，无论是从出口、吸收劳动力的角度，还是从对经济发展所做的贡献来看，印尼非油气工业所发挥的作用依然比较小，尽管它在国民经济中还是占主要地位。之所以如此，是因为印尼非油气工业目前还很弱小。它以国内市场为导向，而且其产品的组成部件大多要从国外进口,所以容易受国际市场价格波动的影响。此外,它的竞争力也不高,在此领域的投资也比较小。

报告还说,印尼工业虽然总体还很弱小,但有一些行业还是能生产高竞争力的产品,如天然棕榈油(CPO)和一些纺织品。需要强调的是,印尼的非油气工业有很高的附加值。

另据2010年7月6日的《Kompas》报道,印尼的一些经济学家认为,目前印尼经济更多的是依靠以自然资源为基础的出口,如种植园业和矿业等,印尼还需要发展与其配套的附加值工业。

三、基础设施

如表2-26、2-27所列,通过基础设施指标排名比较,可以看出印尼的基础设施质量并不令人满意。基础设施建设相对滞后,不仅对地方建设造成影响,也拖累了国家总体经济的发展。如前所述,印尼的经济主要以对国内自然资源的加工出口为主,大力改善从产品产地到产品集散地的交通是印尼政府必须优先考虑的事情。

表2-26　2008年部分国家基础设施竞争力排名表

国家	排名
韩国	18
马来西亚	19
泰国	35
中国	58
巴西	89
印尼	96
越南	97
阿根廷	98

资料来源:2008年世界经济论坛。

表2-27　2009年部分亚洲国家各项基础设施指标排名比较

序号	国家	基础设施质量	道路质量	铁路质量	港口质量	航空运输质量	电力供应质量
1	新加坡	2	1	9	1	1	12
2	马来西亚	27	24	19	19	27	39
3	泰国	41	35	52	47	26	41
4	中国	66	50	27	61	80	61
5	印尼	96	94	60	95	68	96
6	菲律宾	98	104	92	112	100	87
7	越南	111	102	58	99	84	103

资料来源：印尼央行。

如表2-28所示，通过东盟十国一些基础设施的数据比较，可以看到印尼的基础设施情况并不让人乐观。与马来西亚比较全面落后，仅排在老挝、柬埔寨、缅甸等国之前。

表2-28　2007年东盟国家基础设施情况一览

国家	电话主要线路（每100人）	手机拥有数量（每100人）	互联网占有量（每100人）	电力使用（千瓦时/人均）
新加坡	43.5	103.4	57.9	8087.0
文莱	25.57	56.3	15.3	9133.0
马来西亚	16.8	75.2	42.4	3196.0
泰国	11.0	43.0	11.0	1896.0
菲律宾	4.2	39.5	5.3	655.0
越南	18.8	11.4	12.7	503.0
印尼	5.7	21.1	7.2	498.0
老挝	1.3	10.8	0.4	135.0
柬埔寨	0.3	7.6	0.3	9.0
缅甸	0.79	0.17	0.12	126.0

资料来源：印尼央行。

下面是单项基础设施指标比较。如表2-29所列，可以看到印尼的公路建设还算不错，铁路建设稍稍滞后。另据2007年10月29日《罗盘报》报道，2007年印尼的高速公路有600公里，马来西亚有1,200公里，而中国则有46,000公里。相比之下，印尼的高速公路建设亟须加强。

表2-29 2009年一些亚洲国家公路网络情况一览

国家	公路网（公里/每100平方公里）	柏油路所占百分比	铁路网（公里/每100平方公里）
马来西亚	20	76%	0.49
泰国	12	97%	0.79
菲律宾	68	22%	0.16
中国	19	91%	0.64
印尼	20	58%	0.25
越南	29	25%	0.97
柬埔寨	22	4%	0.42
老挝	14	15%	—
蒙古	3	8%	0.15

资料来源：《罗盘报》，2009年。

近年来，随着经济的发展，印尼国内电力需求持续增强，配套的电力设施不完善，部分地区时不时出现电荒。当地政府采取一些措施应对，如错峰用电、拉闸限电等，但却不能根本解决问题。电力建设虽有所发展（表2-30），但仍须继续加强。

表2-30 1990—2000年部分亚洲国家公路总长与发电量一览

国家	公路总长（公里）			发电量（10亿瓦特）			GDP平均年增长率
	1990年	2000年	增长率	1990年	2000年	增长率	
中国	1,028,348	1,679,848	63%	127	299	136%	10.1%
印尼	288,727	355,951	23%	13	25	98%	4.2%

续表

国家	公路总长（公里）			发电量（10亿瓦特）			GDP平均年增长率
	1990年	2000年	增长率	1990年	2000年	增长率	
老挝	13971	23,922	71%	—	—	92%	6.3%
菲律宾	160,560	201,944	26%	7	12	81%	3.0%
泰国	52,305	60,354	15%	8	19	125%	4.5%
越南	105,557	215,628	104%	7	6	180%	7.6%

资料来源：《罗盘报》，2009年。

四、贫困问题

印尼在20世纪90年代经济转型前是一个农业国家，大部分人口在农村。因而，大部分的贫困人口也在农村。近些年来，随着经济的发展、城市化进程的加快，农村的贫困率开始下降，见表2-31、2-32所列，但农村贫困人口仍多过城市。1997年东南亚金融风暴之后，城市里头的贫困人口开始大幅上升，升幅超过同时期的农村，见表2-32所列。这是因为当时的城市经济比较依赖进口、外资等外部因素，经济危机对城市经济打击较大；而农村则依靠国内自然资源的生产，承受打击相对较小。

表2-31 20世纪90年代初与21世纪初农村的贫困份额比较（%）

国家	20世纪90年代初	21世纪初	年平均变化百分比
越南	90.7	93.6	0.4
印度	78.6	79.0	0.1
印尼	82.8	72.3	-2.3
巴西	31.0	26.9	-1.8
罗马尼亚	65.8	66.6	0.2

资料来源：世界银行，2005年。

表2-32 1976—2007年印尼农村与城市的贫困率与贫困人口数量

年份	贫困率（%）			贫困人口数量（百万）		
	城市	农村	全国	城市	农村	全国
1976	38.8	40.4	40.1	10.0	44.2	54.2
1987	20.1	16.1	17.4	9.7	20.3	30.0
1990	16.8	14.3	15.1	9.4	17.8	27.2
1993	13.4	13.8	13.7	8.7	17.2	25.9
1996	13.4	19.8	17.5	9.4	24.6	34.0
1998	21.9	25.7	24.2	17.6	31.9	49.5
1999	19.4	26.0	23.4	15.6	32.3	48.0
2000	14.6	22.4	19.1	12.3	26.4	38.7
2001	9.8	24.8	18.4	8.6	29.3	37.9
2002	14.5	21.1	18.2	13.3	25.1	38.4
2003	13.6	20.2	17.4	12.2	25.1	37.3
2004	12.1	20.1	16.7	11.4	24.8	36.1
2005	11.7	19.98	15.97	12.4	22.7	35.1
2006	13.5	21.8	17.8	14.5	24.8	39.3
2007	12.5	20.4	16.6	13.6	23.6	37.2

资料来源：印尼中央统计局。

以下是1990—2006年印尼各省贫困人口百分比的情况，从此表可以看到，首都雅加达的贫困人口百分比最小，最大的则是巴布亚省。这主要是由于印尼各地区经济发展不平衡造成的，也跟新秩序时期印尼政府的经济政策有关（爪哇优先、革命地区优先）。从此表也可看出，印尼东部省份比西部省份较为贫困。

表2-33 1990—2006年印尼各省贫困人口百分比（%）

省份	1990	1993	1996	1999	2002	2005	2006
亚齐	15.9	13.5	10.8	14.8	29.8	28.7	28.3
北苏门答腊	13.5	12.3	10.9	16.7	15.8	14.7	15.01
西苏门答腊	15.0	13.5	8.8	13.2	11.6	10.9	12.5
廖内	13.7	11.2	7.9	14.0	13.6	12.5	11.9
占碑	—	13.4	9.1	26.6	13.2	11.9	11.4
南苏门答腊	16.8	14.9	10.7	23.5	22.3	21.01	20.99
明古鲁	—	13.1	9.4	19.8	22.7	22.2	23.0
楠榜	13.1	11.7	10.7	29.1	24.1	21.4	22.8
邦加-勿里洞	—	—	—	—	11.6	9.7	10.9
廖内群岛	—	—	—	—	—	10.97	12.2
雅加达	7.8	5.7	2.5	4.0	3.4	3.6	4.6
西爪哇	13.9	12.2	9.9	19.8	13.4	13.1	14.5
中爪哇	17.5	15.8	13.9	28.5	23.1	20.5	22.2
日惹	15.5	11.8	10.4	26.1	20.1	18.95	19.2
东爪哇	14.8	13.3	11.9	29.5	21.9	19.95	21.1
万丹	—	—	—	—	9.2	8.9	9.8
巴厘	11.2	9.5	4.3	8.5	6.9	6.7	7.1
西努沙登加拉	23.2	19.5	17.6	33.0	27.8	25.9	27.2
东努沙登加拉	24.1	21.8	20.6	46.7	30.7	28.2	29.3
西加里曼丹	27.6	25.1	22.0	26.2	15.5	14.2	15.2
中加里曼丹	—	20.9	11.2	15.1	11.9	10.7	11.0
南加里曼丹	21.2	18.6	14.3	14.4	8.5	7.2	8.3
东加里曼丹	—	13.8	9.2	20.2	12.2	10.6	11.4
北苏拉威西	14.9	11.8	10.6	18.2	11.2	9.3	11.5
中苏拉威西	—	10.5	8.2	28.7	24.9	21.8	23.6

续表

省份	1990	1993	1996	1999	2002	2005	2006
南苏拉威西	10.8	9.0	8.0	18.3	15.9	14.98	14.6
东南苏拉威西	—	10.8	8.5	29.5	24.2	21.5	23.4
哥伦打洛	—	—	—	—	32.1	29.05	29.1
西苏拉威西	—	—	—	—	—	—	20.7
马鲁古	—	23.9	19.5	46.1	34.8	32.3	33.03
北马鲁古	—	—	—	—	14.0	13.2	12.7
西伊里安查亚	—	—	—	—	—	—	41.3
巴布亚	—	24.2	21.2	54.8	41.8	40.8	41.5
印尼	15.1	13.7	17.5	23.4	18.2	15.97	17.8

资料来源：印尼中央统计局。

第三章
社会文化

本章导读

☆ 多元文化造就了印尼众多的节庆,不同的种族和部落、不同的宗教都有自己独特的文化习俗,这就是绚丽多彩的印尼。印尼的美食带有一定的宗教色彩并富有热带风情。印尼人除了使用统一的印尼语外,还有数以百计的方言,体现了对外来文化的兼收并蓄。印尼的花裙布、瓦扬戏、克利斯剑和昂格隆等被评为世界非物质遗产,具有独特的魅力。随着中印尼经贸往来的增多,两国间的文化交流也日渐频繁,彼此之间加深对对方文化的认识与了解,有助于两国更好地交流与合作。

第一节 节庆

印尼的节日和纪念日众多，其中有纪念历史事件、英雄人物的节日，如独立日（8月17日）、青年誓词纪念日（10月28日）、国家觉醒日（5月20日）、蒂博尼格罗纪念日（1月5日）、卡尔蒂妮纪念日（4月12日），等等。

印尼又是多种宗教并存的国家，宗教节日也不少，如伊斯兰教的登霄节、开斋节、古尔邦节，印度教新年静居日，佛教的吠舍节（也称卫塞节），基督教的圣诞节，等等。

印尼最重要的宗教节日有：

登霄节（Isra'Miraj Nabi Muhammad S.A.W.，伊斯兰教历的7月27日）。登霄，是阿拉伯语Miraj的音译，意为"阶梯"。这天晚上穆斯林都在本坊清真寺进行礼拜、祈祷、诵经，以示纪念。这天穆斯林家庭都会进行家庭聚餐，吃椰浆饭和各种清真菜肴。

开斋节（Idul Fitri，伊斯兰教历的10月1—2日）。伊斯兰教历第九月为斋月，穆斯林斋月每日自日升前至日落，禁绝一切饮食和房事，病人和孕妇可延缓补斋或以施舍补赎，儿童可以酌情斋戒两三个小时。斋月结束后，次日为开斋节。对穆斯林来说，这是一年中最重要的节日，大家都千方百计赶回家乡过节，节前会看到壮观的回乡队伍，不亚于我国的"春运"。节日法定假期只有一天，但实际上都要放假一周以上，学校放假甚至长达两周。开斋节那天，每家每户都打扫得干干净净，穆斯林们沐浴净身，换上新衣，一起去附近清真寺参加礼拜。然后各家各户到墓地扫墓。之后走访亲友，互致问候和互求原谅（Bermaaf-maafan），享用预先备好的佳肴。

宰牲节/古尔邦节（Idul Adha，伊斯兰教历12月10日）。

宰牲节是除开斋节外的伊斯兰教第二大节日。关于宰牲节的来历，《伊斯兰教小词典》是这样描绘的：易卜拉欣（Ibrahim的音译）与阿丹、努海、穆萨、尔撒和穆罕默德并称为安拉六大使者。据载他曾先后崇拜星辰、月亮和太阳，后改信"造化天地的主"。曾劝父阿扎尔及族人放弃偶像崇拜，信奉一神。因捣毁偶像，遭族人反对，被投入火中，得安拉护佑未受伤害，后被父逐出住地。晚年先后受安拉之赐获伊斯玛仪和伊斯哈格两子，并于梦中受"启示"应献子为祭。在献祭前，复受"启示"可以羊代之。据经注家谓，拟献活祭者为长子伊斯玛仪；伊斯兰教的宰牲节即源于此。

宰牲节上用来献祭的动物一般为骆驼、牛、羊，数量依财产多寡而定。

此外伊斯兰教历1月1日伊斯兰教（纪元）新年（Tahun Baru Hijriyah），伊斯兰教历3月12日先知穆罕默德诞辰日，这些都是印度尼西亚的法定假期。

静居日（Hari Raya Nyepi，印度教新年，巴厘历10月1日）。节日这天，街上除执勤的警察、警车、救护车等车辆外，没有其他任何行人和车辆，所有店铺都停止营业，人们一整天不生火、不点灯、不说话、不出门、不欢乐也不悲伤，只是静静地思考，检点自己在过去的一年中是否有做错的地方，求内心的安宁。登巴萨机场（Bandara Internasional Ngurah Rai）也停止运作一天，所以建议在巴厘岛的游客入乡随俗，留在酒店内，在酒店内用餐，停止所有娱乐活动。

吠舍节/卫塞节（Hari Raya Waisak）。这是全世界佛教徒共同庆祝的节日。中爪哇的婆罗浮屠塔（Candi Borobudur）、门突神庙（Candi Mendut）、巴旺神庙（Candi Pawang）是举行法会的主要场所，每年都有数以万计的僧人、佛教徒、居士来到这里参加庆祝。

佛陀的出生、悟道和涅槃都发生在五月的月圆日，为纪念佛陀，1950年，世界佛教徒联谊会在斯里兰卡举行庆祝会时，决定在这一天举行庆祝活动。

印尼吠舍节的庆祝活动主要有：

在Temanggung县的Jumprit取圣水，在Grobogan县的Mrapen火种群（此火种群是地理现象，火从土中生，即使下雨也不会灭）中点燃火炬。

佛教徒向和尚施舍食物或金钱，这是佛祖流传下来的传统仪式。据说施舍的人将得到好运。

在月圆之时坐禅修炼。

除此以外，还有游行和文艺表演。节日当天婆罗浮屠塔免门票。

春节（Tahun Baru Imlek，中国农历正月初一）。1967年印尼前总统苏哈托上台后，颁布第1967年第14号总统令，该指令禁止在公共场所举办任何形式的华人的宗教和习俗活动，包括禁止使用华语，关闭华人学校，禁止出版华文刊物，禁止庆祝中国农历新年等。2000年时任印尼总统瓦希德废除1967年第14号总统令，并颁布2001年第21号总统令，把春节定为选择性假日。2002年2月12日，时任印尼总统梅加瓦蒂正式宣布春节是全国性节日，放假一天。2003年春节时，印尼各地有华人的地方都公开庆祝春节，其中日惹（Yogyakarta）华人庆祝春节的活动上，日惹省长苏丹王（Hamengku Buwono X）携王后也出席了该活动。

另外耶稣受难日、耶稣升天节和圣诞节都是印尼的法定假日。2011年的印尼法定假日如下：

1月1日　　新年

2月3日　　春节

2月15日　　先知穆罕默德诞辰

3月5日　　印度教新年静居日

4月22日　　耶稣受难日

5月17日　　佛教吠舍节/卫塞节

6月2日　　耶稣升天日

8月17日　　印度尼西亚独立日

8月30—31日　伊斯兰教开斋节（假期从8月29日至9月2日）

11月6日　　伊斯兰教宰牲节

11月27日　　伊斯兰教新年

12月25日　　圣诞节（12月26日也是圣诞节假期）

印尼的国家纪念日有：

（1）较重要的国家纪念日

1月5日　蒂博尼格罗纪念日（Hari Diponegoro）。蒂博尼格罗于1785年11月11日出生在日惹，他是马打兰王国苏丹三世的长子。他是领导爪哇起义（1825—1830年）抗击荷兰入侵的民族英雄。后起义失败被荷兰殖民者捕获，被流放到苏拉威西岛南部，于1855年1月8日病逝并葬于望加锡（Makassar）。

4月12日　卡尔蒂妮纪念日（Hari Kartini）。卡尔蒂妮（Raden Adjeng Kartini）于1879年4月12日出生于中爪哇的一个贵族家庭，是印尼土著妇女觉醒运动的先驱。她致力为妇女办学及写作出书，为妇女争取应有权利。为纪念卡尔蒂妮，1964年时任总统苏加诺发出1964年第108号总统令，把卡尔蒂妮的出生日定为卡尔蒂妮纪念日，是印尼民族独立的英雄。

5月20日　国家觉醒日（Hari Kebangkitan Nasional）。20世纪初，亚非拉多国民族运动兴起，印尼也不例外。为提高印尼民族精神，1908年5月20日，由巴达维亚医学院①的几个青年苏多莫（Soetomo）、苏莱曼（Soeleman）、古姆布来克（Goembrek）和古纳万（Goenawan Mangoenkoesoemo）成立了印尼民族运动组织"至善社"（Budi Utomo）。后来与爪哇青年，苏门答腊青年等组织合并成为"印尼青年"组织，并发表著名的"青年誓言"。后来，印尼把至善社的成立日定为"国家觉醒日"。

6月1日 潘查希拉诞生日（Hari Lahirnya Pancasila）。panca是梵语，"五"的意思，sila"规范、准则"之意，于是pancasila被称为"建国五项原则"。1945年5月，德国投降，在印尼人民强烈要求独立的推动下，日军最高指挥官宣布成立独立准备调查会。在6月1日的会议中，苏加诺有机会发表了著名的演讲——"建国五项原则"，即民族主义、国际主义、协商一致的原则、繁荣和消灭贫困以及在文化上互相尊重而不是被课以义务的基础上的信仰上帝，即神道。有人认为这五项原则可以归纳为社会民族主义、社会民主主义和信仰上帝三项原则。

8月17日 独立节（Hari Proklamasi Kemerdekaan）。1945年8月6日，美国在日本投下第一枚原子弹，严重打击日本军心。翌日，"印尼独立准备调查会"更名为"印尼独立准备委员会"。8月9日，美国在日本投下第二枚原子弹，迫使日本向盟军投降。1945年8月17日，苏加诺宣布印尼独立，红白旗为印尼国旗，《大印度尼西亚》为印尼国歌。

10月28日 青年誓词纪念日（Hari Sumpah Pemuda）。1928年10月28日，印尼各地青年代表在雅加达召开第二次大会，通过"青年誓词"——我们印尼儿女，承认一个祖国—印度尼西

---

① 巴达维亚也就是今天的雅加达，早在14世纪她已是初具规模的港口城市，当时叫巽他加拉巴（Sunda Kelapa），华人称其为"椰城"。该港埠于14世纪归属巴查查拉王朝。1522年，万丹王国征服该地并建城。1527年6月22日，改名为查雅加尔达（Jayakarta），意为"凯旋城"，简称为雅加达。1596年，荷兰侵占了印度尼西亚，1621年把雅加达改为荷兰名字"巴达维亚"（Betavia）。1942年8月8日，日军侵占印尼后恢复了雅加达的名称。1945年8月17日，印度尼西亚共和国正式成立，定首都为雅加达。

亚，承认一个民族——印度尼西亚民族，承认统一的语言——印度尼西亚语。自此，"印度尼西亚"作为国家名字、民族名字和语种名称被广泛使用。

（2）其他的国家纪念日：

1月25日　国家营养日（Hari Gizi Nasional）

2月9日　国家新闻日（Hari Pers Nasional）

2月20日　全印尼劳动者协会纪念日（Hari Serikat Pekerja Seluruh Indonesia）

3月10日　国家电影日（Hari Film Nasional）

3月11日　命令书纪念日（Hari Supersemar）

4月6日　渔民节（Hari Nelayan）

4月9日　航空节（Hari Penerbangan）

4月21日　健康日（Hari Kesehatan）

5月2日　国家教育节（Hari Pendidikan Nasional）

5月21日　国家图书节（Hari Buku）

7月1日　警察节（Hari Kepolisian）

7月5日　银行节（Hari Bank）

7月12日　合作社节（Hari Koperasi）

7月18日　工业节（Hari Industri）

7月22日　检察官节（Hari Kejaksaan）

6月23日　儿童节（Hari Kanak-kanak）

8月10日　退伍军人节（Hari Veteran Nasional）

8月14日　童子军节（Hari Pramuka）

8月24日　印尼共和国电视节（Hari TVRI）

9月9日　体育节（Hari Olah Raga）

9月11日　广播节（Hari Radio）

9月12日　武装部队退休军人节（Hari Purnawirawan ABRI）

9月16日　衣食节（Hari Sandang）

9月17日　交通节（Hari Perhubungan）

9月17日　印尼红十字会纪念日（Hari Palang Merah Indonesia）

9月23日　航海节（Hari Bahari）

9月24日　农民节（Hari Tani）

9月27日　邮电节（Hari Postel）

9月28日　铁路节（Hari Kereta Api）

9月28日　科学家节（Hari Sarjana）

10月1日　潘查希拉威力节（Hari Kesaktian Pancasila）

10月5日　印尼共和国建军节（Hari Angkatan Bersenjata Republik Indonesia）

10月26日　财政节（Hari Keuangan）

11月10日　卫生节（Hari Kesehatan）

12月4日　炮兵节（Hari Artileri）

12月5日　海军节（Hari Angkatan Laut）

12月15日　陆军节（Hari Angkatan Darat）

12月20日　社会服务日（Hari Kebaktian Sosial）

12月22日　母亲节（Hari Ibu）

第二节　美食

印尼地处热带地区，天气炎热，食物不容易保存，于是印尼食物以煎炸为主，配以香料，这样能有效保存煮好的食物。由于印尼穆斯林人口占绝对多数，一般在市场和超市很难买到猪肉，在华人聚居的地方才有可能买到猪肉。为表示对穆斯林的尊重,在中餐厅的一些中式点心,原来用猪肉做原料的一般都换成了鸡肉。

Bakso 肉丸　肉丸是印尼男女老少都很喜欢的食品,路上的小贩、街边的大排档、高级餐厅都有的卖。通常是用牛肉做的,用汤碗盛着,配上酱油、辣椒酱或番茄酱,非常美味。

Emping 薄饼片　是由未成熟的稻米或倪藤等子核经捣碎、晒干制成的,比虾片薄一些,小一些,味道有点甘苦。可当零食吃或者吃饭时拌饭吃。

Gado-gado(加多加多)　加多加多是一道开胃菜,被称为"印尼式沙拉"。材料有很多种,常用的有切成丝的生菜、椰菜、花菜、黄瓜、西红柿,煮熟切块的土豆和胡萝卜,煮熟的豆芽、豆角,水煮蛋。加多加多的特色是它的酱料,常用的材料有碾碎的炒花生、蒜头、辣椒、胡椒粉、盐、红糖、绿皮橘子汁按一定的比例搅拌。最后在沙拉上面放些印尼虾片。

Gudeg 椰浆菠萝蜜饭　是中爪哇和日惹的特色食品,材料有嫩菠萝蜜、椰浆、柚木树的叶子、鸡、鸡蛋、豆腐等,做法是将上述食材放在一起煮几个小时,柚木树的叶子令Gudek呈咖啡色或巧克力色。配米饭或Lontong(用蕉叶包住大米煮成的饭团)食用。

Kerupuk 虾片　印尼超市里有很多压缩的虾片,顾客买回家在油锅里炸一下就可以吃了。印尼人喜欢吃饭时拿几块虾片拌饭。在小吃店或餐厅里都有大玻璃罐装着炸好的虾片供顾客食用。

Kue-kue 各式糕点　印尼的糕点品种丰富,有炸香蕉Pisang Goreng。香蕉切片放在油里面炸,香脆可口。

Kue Lapis 千层糕　用大米粉制成,红白或红绿白相间的多层糕点。

Lumpia Goreng 炸春卷　印尼的炸春卷会把指天椒夹在春卷中间，吃的时候一手拿春卷，一手拿指天椒，咬一口春卷后再咬一口指天椒，一起嚼着吃。

Lemper Goreng 炸糯米糕　用香蕉叶包裹，以肉丝为馅的一种糯米糕点，是印尼的传统糕点之一。

Wajik 方糕　一种用糯米、红糖、椰丝等做成的方形糕点，是印尼的传统糕点。

Kuetiau 粿条（即沙河粉）　粿条是由福建人和潮州人传入印尼的，在雅加达或其他华人聚居的地方能吃到粿条。印尼粿条的做法和中国的无异。

Ikan Bakar 烤鱼　烤鱼可以是整条鱼烤，或者破肚切开烤，配上辣椒酱和酱油，美味可口。印尼人请客吃饭多数会吃烤鱼。

Masakan Padang 巴东菜　巴东菜源于西苏门答腊岛的巴东（Padang，旧时也称为"巴棠"）。巴东菜餐厅与众不同的是客人来到无须点菜，随到随吃，服务员会把所有的菜都端上桌，有经验的服务员一次能把七八碟菜摞在手臂上端来，摆上桌的少则十几盘，多则几十盘，有时摆放几层，有荤有素。不愿意吃的饭菜，不要动刀叉或动手，结账时服务员会根据动过的菜来计价。未动过的菜则放回原处，供其他客人享用。为了保持巴东菜的原汁原味，有名的巴东菜餐厅只会雇用西苏门答腊岛的人在餐厅工作。用浓椰浆做成的巴东牛肉（Rendang Sapi）最为出名。除此以外还有椰浆焖鲈鱼头（Gulai Kepala Kakap）、椰浆鸡（Gulai Ayam），等等。

Nasi Goreng 印尼炒饭　"印尼炒饭"随处可见，是由移居到东南亚的华人将炒饭加上当地的特色配料，演变而成的。一般会有米饭、油、甜酱油、辣椒酱、鸡蛋、切片的生黄瓜和生西红柿。

Nasi Kunyit/Nasi Kuning 姜黄饭　姜黄饭是用姜黄粉、香茅、椰浆、鸡汤、香兰叶、盐等烹制而成的色泽金黄带有淡淡椰香味的米饭。吃的时候，加上肉丝、水煮鸡蛋或水煮鸡蛋丝、炸黄豆、炸红葱，等等。在节日或庆典的时候会把姜黄饭压成圆锥形，由主持人切开后，宾客们就可以享用了。

Pangsit Goreng 炸云吞　印尼的炸云吞是由移居到东南亚的华人传入的，不过吃法跟中国的云吞有些差异。中国的云吞一般用水煮，有汤的；而印尼的云吞一般是用油炸的，甚至只是炸云吞皮而已。

Roti Bakar 烤面包　用简单的方法把方面包烤黄了，蘸点辣椒酱或番茄酱吃。烤面包在街头巷尾都能买得到。

Rujak Manis 是一种由新鲜水果和甜辣汁做成的沙拉。材料有嫩芒果、凉薯、蛇皮果、快要成熟的木瓜、黄瓜、加椰檬果、莲雾、番石榴，等等。甜辣汁里有爪哇红糖、花生、盐、青柠檬、辣椒和酸果。

Sate 肉串　沙爹，在印尼一般用羊肉或鸡肉做沙爹（sate kambing 羊肉串，sate ayam 鸡肉串），一份沙爹有8~10串，蘸花生酱或甜酱油吃，还配上 Lontong（用蕉叶包住大米煮成的饭团）一起吃。比较有名的是 Sate Tegal（Tegal 是一地名，位于中爪哇北岸。）大多数用羊仔肉来做，肉质鲜嫩。

Soto 肉汤　有鸡肉汤（Soto Ayam），羊肉汤（Soto Kambing），牛肉汤（Soto Daging），牛肚/羊肚汤（Soto Babat）。主要材料有鸡肉或牛肉或羊肉或羊肚或牛肚、米粉、豆芽、水煮蛋切片、卷心菜、土豆和西红柿，配料中主要有姜黄、橘子叶、香茅、大蒜、大葱、姜，等等。配白米饭或者 Lontong（用蕉叶包住大米煮成的饭团）一起吃。因为配料中有姜黄，所以汤是呈黄色的。吃之前挤一点绿皮橘子汁在汤里，有点酸，有点辣，非常可口。

Sup Buntut 牛尾汤　用牛尾、胡萝卜、土豆、芹菜、大蒜、红葱、姜煮成，深受人们喜爱。

Tempe 豆酵饼　将黄豆泡开，去皮、捣碎、发酵后做成，切成豆腐块大小，一公分厚，可煎可煮，营养丰富，价廉物美，是印尼人很喜欢的食品。常见的有炸豆酵饼（Tempe Goreng）。

印尼地处热带，喜欢冷饮，印尼又是盛产水果的地方，于是各种水果制作成的冷饮都相当美味。以下几款是相当有特色的饮料。

Es Alpokat 牛油果汁（也叫鳄梨汁）牛油果用搅拌机搅碎，加上红糖、鲜奶或椰子汁，美味非常。

Es Jeruk Nipis 青柠檬汁　小小一个青柠檬切开后把汁挤到杯子里，加上水、冰块和白糖搅拌而成，是印尼最常见也最经济的饮料之一。

Es Kelapa Kopyor　一种肉厚且松软的椰子加上冰冻糖水，搅拌成饮料。

第三节　兼收并蓄的多元文化

一、语言

印尼是世界上拥有语言和方言最多的国家之一，共748种。其中印尼语作为印尼共和国的官方语言、通用语言，于1945年印尼共和国宣布独立后正式使用。印尼语属澳新特罗尼西亚语系的马来语，以19世纪的苏门答腊岛上的廖内马来语为基础，吸收了许多地方语如爪哇语、巴达维语、米南加保语等和外来语如梵文、阿拉伯语、葡萄牙语、荷兰语、英语、中文等发展而成。"印尼语"该名称始自1928年10月28日召开的第二届青年大会的青年誓言,避免沿用殖民政府承认的"马来语"名称而得名。印尼语具有语法结构简单而有规律、动词无时态变化、拼音发音简单易学等特点。

虽然印尼人都会讲印尼语,但大多数印尼人的母语并不是印尼语,而是除印尼语外747种语言中的一种。但各种正式场合仍要使用印尼语。

二、文学

印尼早期的口头文学主要是神话故事和民间故事,如西爪哇流传的《桑古里昂的故事》等。早期的书面文学受印度文学的影响很大,爪哇古典文学作品大多取材于印度两大史诗《摩诃婆罗多》和《罗摩衍那》,其中《班基故事》是爪哇古典文学中一部最著名的历史传说,它与罗摩故事有着密切联系。

印尼文学按时间先后可分为10个时期:老作家派、旧马来文学派、图书出版局派、新作家派、45年代派、50—60年代派、66—70年代派、80—90年代派、革新派、2000年代派。

其中,老作家派是指20世纪前的印尼文学作品,主要有诗歌、班顿民歌、格言诗和传记。当时的古典马来文化包括苏门答腊沿海和马来半岛地区,深受伊斯兰教文化影响。苏门答腊岛北部地区则出现了马来语宗教作品。哈姆扎·范素里(Hamzah Fansuri)是老作家派中最早的一位,紧随其后的是17世纪亚齐王国的作家,最有名的是夏姆苏丁·巴赛(Syamsuddin Pasai)、阿卜都拉尔夫·辛克尔(Abdurrauf Singkil)以及努如丁·阿尔拉尼尔(Nuruddin ar-Raniri)。主要作品有:《马来纪元》、《阿卜杜拉传》、《亚齐传》等。

旧马来文学派是指1870—1942年期间的文学作品，19世纪70年代的作品主要是诗歌、故事和西方小说翻译为主。如《鲁宾孙漂流记》、《红色敌人》、《80天环球》、G. Francis的《达斯玛大妈》、A.F van Dewall 的《选集》、《邦特库船长游行记》等。

图书出版局派是指自1920年起由图书出版局出版的文学作品，散文及新式诗歌开始取代旧式诗歌、班顿、故事传记。图书出版局的成立旨在避免受低级马来语创作的文学作品的不良影响，主要出版高级马来语、爪哇语和巽他语的作品，还有极少量的巴厘语、巴达克语和马都拉语作品。努尔·苏丹·伊斯甘达尔（Nur Sutan Iskandar）是其中创作作品最多的作家。如果从作家出生地来讲，当时的印尼小说可称为"苏门答腊小说"，尤以米南加保为甚。其中，最重要的两部小说是《西蒂·努尔巴雅》和《错误的教育》，两部小说都对桎梏人的封建落后的传统和习俗提出了尖锐批评，其他作家的作品纷纷效仿。代表人物及其作品有：梅拉里·西勒伽尔（Merari Siregar）的《多苦多难》、《爱情和欲望》；马拉·如斯里（Marah Rusli）的《西蒂·努尔巴雅》、《儿子与侄子》；穆罕默德·雅敏（Muhammad Yamin）的《祖国》、《印度尼西亚，我的祖国》、《庚·阿洛和庚·德德斯》；努尔·苏丹·伊斯甘达尔的《因为我是女人所以无能为力》、《错误的选择》；阿卜杜尔·姆伊斯（Abdul Muis）的《错误的教育》、《姻缘》。这一时期的作品主题体现在强迫婚姻、新旧矛盾冲突和东西方文化观念的冲突上。

新作家派是因不满当时图书出版局对文学作品尤其是涉及民族主义情感和民族觉醒的文学作品审查过于苛刻而产生的，主要以知识分子、民族主义者和杰出人物为代表。其产生的标志由苏丹·塔克迪尔·阿里夏巴纳（Sutan Takdir Alisjahbana）

和阿米尔·哈姆扎（Amir Hamzah）、阿尔敏·巴尼（Armijn Pane）主编的《新作家》杂志的问世。图书出版局之后的印尼文学先锋人物是苏丹·塔克迪尔·阿里夏巴纳。《扬帆》、《范德怀克号沉没》、《假如不好运》是战前最重要的作品。新作家派文学人物有两派：一派是以萨努西·巴尼（Sanusi Pane）和登固·阿米尔·哈姆扎（Tengku Amir Hamzah）为代表的"为艺术而艺术"派；另一派是以苏丹·塔克迪尔·阿里夏巴纳、阿米尔·哈姆扎、茹斯达姆·艾芬迪（Rustam Effendi）为代表的"艺术为社会建设服务"派。代表人物及其作品有：苏丹·塔克迪尔·阿里夏巴纳的《永不灭的油灯》、《扬帆》，Hadji Abdul Malik Karim Amarullah（简称Hamka）的《在（麦加）天房的庇佑下》、《范德怀克号沉没》；阿尔米津·帕内的《锁链》、《貌似温驯的鸽子》；萨努西·巴尼的《爱情威力》等。

45年代派文学作品比新作家派作品更具现实意义，主要反映社会、政治、文化动荡的现实生活，如海里尔·安瓦尔（Chairil Anwar）反映争取独立斗争的诗歌。45年代派作家主张独立创作，其中《三剑客挑战天命诗歌集》、《条条大路通罗马》以及《无神论者》被认为是印尼文学创新的代表作。代表人物及其作品有：查伊里尔·安瓦尔的《尖石》、《风尘滚滚》，伊德鲁斯（Idrus）的《老爷爷》、《女人与人道主义》，米哈尔查（Achdiat K. Mihardja）的《无神论者》，德里斯诺·苏玛尔佐（Trisno Sumardjo）的《良知和行为》，桑达尼（Utuy Tatang Sontani）的戏剧《笛子》、《红铜》，苏曼（Suman Hs.）的《贼窝少女》、《忠诚的考验》。

50年代派以汉斯·巴古尔·亚辛（H.B. Jassin）的文学杂志《故事》出版为标志，以短篇小说和诗歌集见长，一直坚持到1956年。50年代派出现了加入人民文化协会的亲共文学家，主张文学应反映社会现实。60年代初期文学界出现了无止境的分歧和争论，使印尼文学停滞不前，没多久即发生了1965年的"9·30"事件。代表人物及其作品有：普拉穆迪亚·阿南达·杜尔（Pramoedya Ananta Toer）的《不是夜市》、《在勿加西河边》、《游击队之家》、《被挤垮的他们》、《追捕》，努尔哈雅蒂·蒂妮的《两个世界》、《和平心》，西多尔·希图莫朗（Sitor Situmorang）的《在诗歌中》、《珍珠之路：三部话剧集》、《战斗和巴黎之雪》，莫达尔·鲁毗斯（Mochtar Lubis）的《没有明天》、《没有尽头的路》、《干旱贫瘠的土地》，阿依普·洛西迪（Ajip Rosidi）的《死亡年代》、《重逢》。

66—70年代派是以莫达尔·鲁毗斯的文学杂志《地平线》出版为标志，开始出现文学流派百花齐放的局面，许多作品既属于50年代派又属于该派。代表人物及其作品有：陶菲克·伊斯玛依尔（Taufik Ismail）的《我耻为印尼人》、《暴政与堡垒》、《玉米地的诗作》、《天空诗歌》，苏达尔基·扎尔祖姆（Sutardji Calzoum Bachri）的《疯狂》、《斧头》，阿卜杜尔·哈迪（Abdul Hadi WM）的《沉思》，古纳万·穆罕默德（Goenawan Mohamad）的《帕里克希特国王》、《插曲》、《性、文学和咱们》，乌玛尔·卡亚姆（Umar Kayam）的《曼哈丹的萤火虫》、《绅士们》，纳萨·珈明（Nasjah Djamin）的《迷失的孩子》、《生与死的激情》，普图·维贾亚（Putu Wijaya）的《假如夜愈深》、《电报》、《车站》、《工厂》。

80—90年代派出现了很多爱情小说，文学作品开始在各种期刊上出现。80年代出现了有名的女文学家努尔哈雅迪·蒂妮

（Nh. Dini），其著作有《在船上》、《我的名字叫Hiroko》等，作品深受西方文化创作思潮影响，主人公一般都为女性，主要表现东西方文明冲突。还有两位比较有名的女作家：米拉·维贾雅（Mira W）和 玛尔卡·特（Marga T.）。开始出现流行文学，喜爱阅读的一代因此诞生。

随着印尼政权的变化而出现了"革新派文学家"，涌现了许多表现社会政治色彩的文学作品包括长篇小说、诗歌、短篇小说等，但这种说法并不是很站得住脚，所以2002年又抛出了2000年代派文学家的说法。印尼最大的出版社Gramedia出版了2000年代派总集，罗列了自20世纪80年代开始写作的一百多名诗人、小说家、杂文家、评论家。代表人物及其作品有：阿育·乌塔米（Ayu Utami）的《萨满》、《拉隆》，古米拉·阿基达尔玛（Seno Gumira Ajidarma）的《以夜晚的名义》、《没有金属丝的小提琴》，安德热阿·黑拉达（Andrea Hirata）的《五彩缤纷》、《领袖》、《玻璃杯之爱》。

三、音乐、舞蹈和艺术

印尼是一个艺术成就斐然的东南亚国家，其中花裙布（batik，蜡染布的制作方法和技术）、瓦扬戏（wayang）、克利斯剑（keris）、昂格隆乐器（angklung）相继被评为世界非物质文化遗产。

作为拥有很高艺术价值的工艺品，花裙布很早就成为印尼尤其是爪哇文化的一部分。传统的花裙布图案和色彩很有限且比较固定，各有特定的象征意义，不同阶层不同图案，至今传统仪式上仍需穿戴。刚开始制作花裙布是爪哇妇女的谋生手段，所以一直到发明"用模子印染"前，男子们都未能涉足这个行业。最早花裙布的制作有家庭代代相传的传统，所以一般来说某一家族某种图案都是固定的，很好识别。因为外来文化不断进入印尼，花裙布也开始慢慢地吸收外来文化的因素：如中国人喜欢的红色和凤凰图案，欧洲特有的如郁金香、楼房和马车以及他们喜欢的天蓝色，日本的樱花等。但花裙布原有的传统基本保持不变：即不同的图案和色彩代表不同身份、不同阶层。至今有些传统的图案只有日惹和梭罗王公贵族才有资格穿。

花裙布制作方法主要有两种：手绘和模子印染（机器生产）。花裙布因其制作技术的独特，2009年被评为世界非物质文化遗产之一。

瓦扬戏，是在爪哇、巴厘岛发展起来的印尼传统表演艺术，2003年11月7日被联合国教科文组织评为"人类口头非物质遗产代表作"之一。瓦扬分三种，人偶戏（wayang orang）、由皮影戏艺人操纵的皮影戏（wayang kulit）和木偶戏（wayang golek）。这三种瓦扬戏分别在不同的地区表演，第一种在中爪哇，第二种东爪哇，第三种西爪哇。瓦扬戏表演一般通宵达旦，相当考验人的耐心。尽管印尼瓦扬戏故事情节主要取材于印度两大史诗《罗摩衍那》和《摩诃婆罗多》，但现今已改头换面移入爪哇背景。

克利斯剑于2005年被联合国教科文组织评为世界非物质文化遗产中的传统知识技艺项。克利斯剑在努山达拉群岛地区包括菲律宾南部都有使用，主要是在受室利佛逝和满者伯夷王国文化影响的地区和社会如爪哇、马都拉、努沙登加拉、苏门答腊、加里曼丹沿海、苏拉威西、马来半岛、泰国南部、菲律宾南部。不同地区剑形不同，佩带方式也不同。和平时期爪哇人和巽他人置于后腰，战争时期置于前腰，而其他地区一般都置于前腰。它与一般剑的区别在于它两边都很锋利，剑身由不少于两种的金属合成制造。印尼克利斯剑形状多样，爪哇人相信不同的剑形有不同的奥秘，这跟爪哇人相信克利斯剑有不同寻常的神秘力有关，它经常在各种传说故事中出现。

2010年11月16日被评上世界非物质文化遗产之一的昂格隆乐器是西爪哇巽他族的传统乐器，用一套长短不一的竹筒，摇撼撞击，发出清脆的乐音，昂格隆音调主要有salendro和pelog两种。昂格隆起源于西爪哇，其中茂物的gubrag昂格隆已有400年以上的历史，最早出现于种稻的宗教仪式上。农耕社会并以谷物为主食的西爪哇人相信稻神Sri Pohaci保佑谷物生长的传说而创造了优美自然的昂格隆乐器：为了吸引稻神下到人间，让老百姓的稻子长得饱满，并保佑不遭虫害或其他自然灾害，直到顺利收割，创作了向稻神吟唱表示敬意和崇拜的诗篇和歌曲，并由削好的竹筒伴乐，逐渐发展成了现在成为angklung的乐器，并逐渐普及爪哇岛、加里曼丹和苏门答腊岛。

印尼艺术深受外来文化影响，主要是印度文化和阿拉伯文化。如位于爪哇岛著名的婆罗浮屠塔、普兰班南神庙等；爪哇舞蹈和巴厘舞蹈也含有许多印度神话舞蹈元素，而苏门答腊的萨满（Saman）舞蹈和亚齐民间舞蹈（Seudati）深受伊斯兰文化影响。

印尼传统音乐有爪哇"格朗章"音乐和佳美兰音乐，佳美兰音乐是印尼最典型的民间音乐，是由各种铜锣、木琴、大小不一的鼓组成的打击乐器。现代流行音乐有"dangdut"（是马来、印度和印尼其他传统音乐的融合），民歌如《宝贝》、《梭罗河》、《星星索》等，甚至流传到中国，深受中国听众喜爱。

第四节 教育与新闻出版

一、教育

印尼具有层次完备、教学严谨的教育体制。中小学教育为12年制,即小学6年、初中3年、高中3年。中等教育分为两大类,一类是普通初中、普通高中,另一类是初中中技、高中中技和师范学校,有国立、私立之分。高等院校一般为4~5年,个别专业6~7年,也分国立、私立。

印尼有普通学校和宗教学校之分,宗教学校有伊斯兰教学校、基督教学校、天主教学校和佛教学校。因穆斯林人口众多,所以伊斯兰教学校(madrasah)数量也多,据2009年宗教部统计,伊斯兰教学校已达40,804所,其中90%为私立学校。除了伊斯兰教学校外,还有伊斯兰学馆(pesantren),专门学习诵读古兰经。

印尼实施九年义务教育,即小学6年和初中3年(包括普通学校和宗教学校)。印尼宪法规定教育投入不能低于国家收支预算的20%,近年来印尼政府通过不断加大对教育的投入,基本实现了教育经费投入不低于国家收支预算20%的目标。印尼政府不仅为本国学生设立奖学金制度,还通过印尼驻外使领馆为外国留学生提供奖学金(Darmasiswa)。印尼学生近年来在化学、物理、数学、电脑、天文学等奥林匹克比赛中取得骄人成绩,以回报国家对教育的高度重视。

印尼私立大学数量相当多,约是国立大学的20倍,国立大学有100来所。印尼著名高等院校有:印尼大学(雅加达)、卡渣玛达大学(日惹)、万隆工学院(万隆)、巴渣渣兰大学(万隆)、泗水工学院(泗水)、古纳达尔玛大学(勿加西)、彼纳努山达拉大学、三一一大学（梭罗）、玛琅国立大学等。2010年，印尼有3所公立大学即万隆工学院、卡渣玛达大学、印尼大学和1所私立大学即古纳达尔玛大学入选亚洲一百强。

二、新闻出版

印尼媒体以私营为主，按市场规则运作。其中印尼文媒体是主流媒体，英文、华文媒体居辅助地位。主要印尼文报纸有：《罗盘报》、《印尼独立报》、《革新之声报》、《印尼媒体报》、《共和国日报》、《专业之声报》、《爪哇邮报》、《印尼商报》；主要华文报纸有：《印度尼西亚日报》、《国际日报》、《世界日报》、《华文邮报》、《商报》、《千岛日报》等；主要英文报纸有《雅加达邮报》、《印尼观察家报》等。

印尼的无线广播电台有印尼共和国广播电台、商业广播电台、地方政府广播电台以及对外广播电台。印尼共和国广播电台属国家广播电台，成立于1945年9月，台址在雅加达，该电台开设三套节目，即雅加达播出的全国性节目、地方中心台播出的大区性节目以及面向本地播出的地方性节目。印尼之声广播电台是印尼的国际电台，属政府所有，用10种语言广播。[1]

印尼目前有11家大电视台，其中国营的有印尼共和国电视台、印尼教育电视台；私营的有安达拉斯电视台、全球电视台、Indosiar电视台、壹电视台、大都会电视台、印尼神鹰电视台、泗水电视台、印尼变革电视台、印尼第七电视台等，大部分电视节目通过卫星转播。

---

[1]汤平山：《印度尼西亚》，北京：当代世界出版社，1998年版，第183页。

第五节 宗教信仰与禁忌

一、爪哇伊斯兰教

印尼是一个全民信仰宗教的国家，其中88%的人口信仰伊斯兰教，8%的人口信仰基督教和天主教，2%的人口信仰印度教，1%的人口信仰佛教。印尼的伊斯兰教和印度教比较独特，与其他地区的不尽相同，原因在于印尼伊斯兰教（除亚齐地区外）和印度教都结合了印尼本土宗教和文化元素，不再是纯粹、正宗的伊斯兰教和印度教，而成为独特的爪哇伊斯兰教和巴厘印度教。

爪哇伊斯兰教是传入印尼的伊斯兰教与当地已有的印度教和爪哇原始宗教相融合而产生的具有爪哇特色的伊斯兰教。信徒叫爪哇穆斯林，最大的特点是既履行伊斯兰教教规，同时依然保留印度教和爪哇原始宗教的信仰和仪式，如依然相信万物有灵论和物力论，依然拜祭祖先，依然举办爪哇传统祈福宴斯拉梅坦（slametan）；爪哇穆斯林不是特别注重形式，而且也不是很严格履行伊斯兰教教规。他们相信一切早就注定，所以能坦然接受；他们认为和谐状态是常态，所以要尽量避免公开冲突以维护现有的社会和谐；和谐包括精神或内在和谐以及外在或社会和谐。

爪哇穆斯林相信各种看不见的神灵，为了避开邪恶的灵魂和得到善良灵魂的保佑，他们发明了各种仪式祭拜灵魂，在仪式上把祭品献给这些神灵，以确保内心安宁；爪哇穆斯林还认为自然和社会规则早由上帝定好，每个人的身份和生活、命运也已经一早确定，所以他们得忍耐生活的艰辛。他们相信超自然力，也相信祖先灵魂会庇佑他们。

爪哇穆斯林习惯在特定的日子如周一、周四或生日斋戒，开始节欲。他们通过节欲的行为或尽量不吃、不睡，或只吃纯白的食物如白米饭、喝淡水，或只吃、只喝没味的东西来增加自己的精神力量。他们也非常重视修行，认为通过修行，就能严格履行清规戒律的生活，能够克制私欲，并最终实现自己的目标。

爪哇穆斯林主张实现内心安宁与和谐的方式主要有修行、斋戒等行为，并牢记自己是真主创造的并在道德上定下标准以克服个人私心，勿忘自己的出处、勿忘真主并信仰它使他们从内心深处约束自己；认识到人是有私心的事实，所以就从道德上用耐心、忍耐、听天由命、乐意奉献、诚实、简朴等标准以控制自己的私欲。在他们看来，所有的一切都早已安排好，他们所主张的逆来顺受、听天由命是感谢仁慈的上帝所给予的恩赐。他们认为一旦拥有这种心态，就不会贪心，也不会忌恨他人。

爪哇穆斯林通过斯拉梅坦仪式体现他们的内心愿望和目标。早在爪哇人信仰原始宗教即万物有灵论和物力论之时，就已经有了这种仪式。举行这些仪式目的之一是保佑他们的家庭不受邪恶魂灵的骚扰。他们建大石碑拜祭祖先，祈求神灵恩惠，同时帮自己驱邪。他们雕刻了祖先的石像，如果祖先的灵魂一旦降临就可以进入石像。他们会请他们认为有神力的人来主持仪式，希望祖先的灵魂能够降临并庇佑他们。为了使仪式显得更为庄重，一般都备有祭品和焚香，伴有歌舞表演，以便祖先的灵魂更加愿意赐福保佑他们的家庭。

爪哇穆斯林主张维护和保持已有的社会和谐。在现实生活中要求每个人彼此相处都能持平常心，以避免可能产生的分歧和焦虑，并依靠一定的道德规范、礼节以及人与人之间的互相尊重约束个人：愿意牺牲个人利益、说话做事小心谨慎、听天由命、避免干涉别人私事、互助合作、协商等。

爪哇穆斯林为了保持和谐、和睦，要求个人在实际生活中遇利益冲突时，有愿意做老二的心态，甚至可以为了共同利益而放弃个人利益。认为那种只顾个人利益、不顾共同的社会利益，只为自己谋利而不顾他人的做法是错误的。不提倡自作主张，忌讳张扬个人野心，认为个人应自始至终跟随集体行动。一旦发生利益冲突或对抗，就需要采用传统的妥协方法使双方回到原有的集体机制中，避免冲突升级。遇事要求保持冷静、不惊慌、不大惊小怪，表现不够镇定或自控力不够是很丢脸的事。当利益对立的双方碰面时，会显得小心谨慎；不当面拒绝别人的要求和建议，而且语气婉转、柔和，用词得当。至于是否同意、答应抑或拒绝要对方自己去捉摸、揣测；但如果是提要求的一方，就要注意不能过于直接，应先试探对方，试探之后才决定是否提出要求、该怎样提出。爪哇穆斯林拥有以婉转的方式陈述不愉快的事情的本事，他们不会直截了当地进入正题，而是在讲正事之前装作自己是无意搭讪，使谈话的双方都来得及互相试探并且有时间做好情绪上的准备，最后即使谈到正题也不会过于冲动。

爪哇穆斯林还通过乡村习惯法——协商制度来实现整体的社会和谐，他们认为协商是比较理想的途径，因为每个人的声音和意见都可以让别人听到，有助于解决问题。协商可以尽量达成意见和想法的一致，这种一致是最终做出的决定是否正确的保障。协商旨在让每个人都能提出自己的见解，在此基础上，大家都作出牺牲、让步、妥协，最终作出较能为各派各方接受的决定。

二、巴厘印度教

巴厘印度教是印度教与印尼巴厘本土文化和宗教相融合而成的宗教。其主要的特点在于延续印尼湿婆教特点，并不严格区分印度教和佛教，而是把两者糅合在一起，同时又融入巴厘岛的原始信仰如精灵崇拜和祖先崇拜等，也并不严格实行种姓制度。所以说巴厘印度教也就自成一体，独具特色，其包容性和独特性应该也是巴厘岛吸引众多外来游客的魅力之一。

巴厘印度教的主要特点有：第一，湿婆至上。尽管巴厘印度教同样信奉梵天、毗湿奴、湿婆三大主神，但湿婆的地位要远高于其他两位主神，几乎所有的重要仪式都是围绕湿婆举行。第二，湿婆与佛陀融为一体。爪哇受印度文化影响时期，没怎么区分印度教和佛教，而是以他们自己独特的方式把两者结合在一起。印度文化传到巴厘岛后，保留和延续了上述两种宗教不严格区分的传统或特色。第三，融入了当地的原始信仰。如依然供奉"太阳神"、"稻母神"和阿贡山等，并在印度教中找到其相对应的位置。第四，神秘性。不仅与印度教本身的神秘论思想有内在联系，也源于巴厘人头脑中固有的传统有神观念。巴厘人认为神灵无处不在，幻化在一切有形事物中；人可以通过祭祀或其他宗教仪式与神建立联系，甚至合二为一。第五，种姓制度的松散性和表面性。巴厘印度教的种姓制度没有像印度那么严格，虽然也分四个种姓，但将前三个视为贵族种姓，只有最后一个是平民种姓，种姓差别在日常生活中表现并不明显。第六，社会化。巴厘印度教是巴厘人生活的核心，宗教信仰和仪式的庆祝活动是巴厘人从出生到死亡甚至死后世界的重要因素；社会交往也以宗教为纽带，以神庙为活动中心展开。[①]

巴厘岛上处处可见的印度教神庙给人留下很深刻的印象。乡间庭院的样式让人感到亲切、随和。神庙大门叫Candi Bentar，呈对开式，像被切成两半的塔（一般住宅、学校的大门也同样，几乎成了统一标识）。第二重大门叫Paduraksa，门口有两个凶猛的石雕巨人守护。每遇宗教节日、祭祀活动，神庙人山人海，如：Galungan、Kalungan等节日。巴厘人家家都设有小庙（即家庙），以备平时每天的祭拜。因上面提到的巴厘印度教特点，巴厘人大部分时间都忙于参加各种宗教庆典活动，忙于编织复杂精细的棕榈叶贡品，忙于精心准备用于宗教仪式的食物，忙于装饰庙宇，无暇思考其他与宗教无关的事情，甚至无暇烦恼，生活忙碌而充实，使到过巴厘岛的游客艳羡不已，人间天堂名副其实。

三、礼仪与禁忌

印尼是一个由100多个民族和17,000多个岛屿组成的群岛国家，相信如果不是因为印尼各民族彼此间能互相包容、礼让，印尼就不可能成为目前拥有国家统一和团结、社会稳定和和谐的国家。下面以印尼第一大民族——爪哇族为例：

爪哇族是一个讲礼貌、重礼节的民族。受印度文化影响，尊卑等级观念在爪哇社会依然存在，特别体现在爪哇语和印尼语的称呼语上。爪哇语分两种主要等级形式：一种是Ngoko（最低级的爪哇语）爪哇话；另一种是Krama（最高级的爪哇敬语）爪哇话。前一种是在关系很近的人之间用的，而且是对年幼的或者地位较低的人；而后一种是关系不是很熟但属于同龄人或同等地位的人之间用的。爪哇人所有的称呼语都体现长

---

①陈扬：《浅析印尼巴厘岛印度教的传承与发展》，载《东南亚纵横》2005年第6期。

幼有别，如果对方拥有较高的社会地位，那就要用年长的称呼语；反之就用年轻的称呼语，这些称呼语的使用还要随社会地位的变化而变化：一个人的社会地位越高，称呼上就越老；反之就越年轻。印尼语第二人称代词的使用相当有限，除家人、朋友、（相熟的）同事外，一般不轻易用第二人称代词称呼对方，而使用合乎对方地位、身份、年龄、等级、辈分的称谓语称呼对方，表示尊重。

印尼人见面时，传统的礼节是行贴面礼，即先相互拥抱，然后左右交替贴脸，这是在亲戚朋友之间常见的一种礼仪。此外，对于辈分比较高的妇女，还需要行吻手礼。穆斯林见面时，则两人双手交替合拢，轻轻摩擦一下指尖，表示去不洁，然后各自用右手略按胸口，表示心情愉快。初次见面，一般以点头或握手为宜。受西方文化的影响，印尼人也行握手礼。和印尼人握手时，要正视对方，动作轻柔，切忌紧握不放，或大力猛摇。如果男士想和女士握手，尤其是穆斯林女士，则要等女士先伸手才去握，否则还是以点头为宜。

印尼人做客也讲究礼仪。一般须事先约好时间，不能贸然上门；朋友客人见面有赠送小礼物的习俗，不送礼物会被认为不懂礼节，礼物不需要贵重，水果、糕点即可。到了印尼人家，要经主人允许后方可进屋。进屋前，要脱鞋，要把随身携带物品放在门口。进屋后，也不要随便乱坐，要待主人指定座位后再坐。如果主人端来饮料和点心，不管喜不喜欢，都要喝一点吃一点，否则有不敬之嫌。但也不要一饮而尽或狼吞虎咽。

印尼人由于崇尚和谐原则，会尽量避免发生公开冲突。所以即使对人不满或有意见，都不会直截了当表达，而用比较婉转的方式和语气。对方讲话时，即使有意见，也要等人家讲完才能发表自己意见。印尼人最忌讳讲话时被打断，认为打断别人讲话是不懂礼貌不文明的行为。

　　印尼人递东西给别人或从别人那里接东西时，一般要用右手，左手被认为不洁。因为88%的印尼人都是穆斯林，所以要尽量注意不在他们面前提及猪，因为这是伊斯兰教禁忌之一，以免引起对方反感。

第四章
政策法规

本章导读

☆ 了解印尼的政策与法规,是投资印尼的必修课。本章重点介绍了印尼的投资政策与法规,印尼税收和进出口管理制度,印尼吸引外资的鼓励措施,印尼承包工程的相关政策,投资印尼的注意事项以及印尼的国际仲裁等内容,相信对有意投资印尼的朋友会有所帮助。

第一节　投资政策与法规

一、印尼的法律体系

印尼的法律体系总体上属于民法法系（大陆法系），主要由三个方面构成：一是习惯法、伊斯兰法和荷兰法三者融合而成的刑法体系，二是以习惯法和伊斯兰法为主的民法体系，三是以荷兰法为基础的商法体系。

印尼的现代法律体系具体包括六种法律形式：1945年宪法；国家最高权力机关（人民协商会议）通过的决议、国家立法机关（人民代表会议）通过的法律；为实施国家立法机关通过的法律和总统批准的法律；由总统颁布的政府法规；实施宪法和政府法规的总统决定和地方法规以及实施政府法规的部门规章等。

二、贸易投资法律体系

印尼与贸易有关的法律主要包括《1934年贸易法》、《海关法》、《建立世界贸易组织法》和《产业法》。与贸易相关的其他法律还涉及《国库法》、《禁止垄断行为和不正当贸易竞争法》。印尼与投资有关的法律主要包括《外国投资法》、《国内投资法》和最新颁布的《2007年印尼共和国投资法》。

三、与外国投资相关的政策法规

外国直接投资（FDI），被印尼人称为PMA（Penanaman Modal Asing——Foreign investment），最初由《1967年第一号外国投资法》来规范的，即Foreign Capital investment Law No.1 of

1967，1970年第11号法令对此法进行修订。2007年由现任印尼总统苏西洛颁布了第25号法令，即印尼共和国投资法，取代了之前的投资法。该法令规定了企业的经营形式与经营范围、外资领域、人力资源、土地使用、优惠政策、利润汇回、国有化及补偿、内外资的合作等方面的内容。外商到印尼投资，会涉及许多法律，比如说投资法，公司法，劳工法等。本章简要地介绍与外资关系密切的印尼投资法的要点。

根据印尼法律规定，任何外国投资活动都应以有限责任公司的形式存在，有法律规定的除外。

政府对在印尼从事投资的投资者，不分国家，采取同一待遇。

2007年投资法第7条规定：除非通过法律，政府既不可以将任何投资者资产国有化，也不可转变投资者的所有权。

如果政府将投资者的资产国有化，或者剥夺投资者的所有权，政府都将按照市场价格赔偿投资者。如双方不能就赔偿问题达成协议，将通过仲裁解决。

投资法第8条第（3）款中提到，投资者有权将外币转出或调回本国，包括：资金，利润、银行利息、股息和其他收入，用于购买原料和辅料、半成品和成品的资金，资本商品的补偿，以保证投资安全。金融投资所需的资金投入，还贷所需资金，应当支付的专利费，在投资公司工作的国外雇员的工资。投资的销售收入和结算，损失的赔付，接管所需的补偿，技术所需的支持，技术服务和管理，项目合同所需以及知识产权所需的支付。

政府依法有要求上报资金转让的权力，政府依法向投资者征税和/或版税。

关于雇佣劳动力的问题，投资法第10条规定：

（1）投资企业在招聘劳工时应当首先聘用印尼公民。

（2）根据法律规定，投资企业可在特定岗位上雇用国外专家解决专业知识问题。

（3）投资企业都要依法对印尼雇员进行工作培训，以提高其个人竞争力。

（4）雇用外国专家的投资企业都要依法对印尼雇员进行培训和技术方面的转让。

关于印尼政府向投资者提供便利，在投资法第十章第18条第（1）款中所提及的，可以向投资者提供的有：扩展业务；进行新的投资。条款中所提及的可获得投资便利的投资者至少要履行以下条件之一：

①雇用大量工人，属于高优先发展范畴，属于基础设施的建设范畴，科技转化，开拓先锋工业。

②在偏远、落后、边境地区或者其他必要建设的地区进行投资。保护生态环境、进行调查、发展并创新的投资。

③与微型、小型、中型和合作社企业建立合作关系。

④使用国内生产的产品、机器或设备从事生产的工业。

第（2）和第（3）款中所提及的便利也可以是以下形式：

①在一定时期内，对投资者减免一定数量的税收。

②减免或降低对国内所不能生产的商品、机械或设备的进口税。

③在一定的时期和条件下，减免对生产原料和辅料的进口税。在一定的时期内，减免或推迟进口商品、机械或者设备增值税。促进缩减和分期付款。在某些地区或区域，对某些企业减少土地税和物业税。

④对于在先锋工业领域进行投资的投资者，比如，关联性甚广的工业，提供高附加值和外延性强的工业，引进新技术和

对国家经济具有战略价值的工业，在一定的金额和时期内，会减免企业的所得税。

⑤对将更新机械或其他资本货物的投资者，将对其实行进口税的减免。

除了第18条中涉及的便利外，政府在投资法第21条中也将对投资企业提高投资服务和许可证的便利，如：1）土地权，2）移民服务的便利，3）进口许可证的便利。

投资法在第22条中提到：

在第21条1）项中所提及的服务和/或者许可证便利，可以同时提供和延长，或投资者提出要求进一步延长：

①企业使用权可给予95年，首先是给予延长至60年，也可以在此基础上再延长35年。

②建筑物使用权，可给予80年并同时预先延长50年，也可以在此基础上延长30年。

③土地使用权给予70年，首先是45年，也可以在此基础上再延长25年。

在第（1）款中所提及的给予合计提前延长，提前给予符合以下条件的投资活动，要符合下列条件：

长期参与印尼经济转型，使之更具竞争力的投资活动。

根据投资活动的类型，需要长期投资才可还本的具有一定风险的投资。

不需要大面积区域投资的投资活动。

使用国有土地权的投资活动。

不影响人民公平性和大众利益的投资活动。

土地权可在评估后，根据条件、性质和目的，表明该地块还在使用经营，可以授权更新。

如果投资企业弃用土地，损害大众利益，以不合法手段使用土地或者违反了法律对使用者的规定，政府有权终止或取消上述第（1）和第（2）款中所提及的给予土地权和更新。

投资法第33条提到：

以有限责任公司形式出现的国内投资者和国外投资者都不可以在协议或声明中强调自己在有限责任公司里有权代表另一方。

如果在国内投资或国外投资中出现了第（1）款中所提及的在协议或声明中强调在有限责任公司里一方有权代表另一方的情况发生时，将依法宣布无效。

经授权机构审核发现，当进行投资的投资者在与中央政府之间的协议和/或合同中有以逃税、谎报款数而损害国家利益的犯罪行为出现，并受到具有有永久法律效应的法庭裁决时，政府将停止与投资方的这种协议和/或合同。

印尼政府在1995年第31号总统令中对限制和禁止投资的行业目录作了补充和修订，其后，2000年第96号总统令（Presidential Decree Number 96/2000）和2000年第118号总统令（Presidential Degree Number 118/2000）又进一步作了修正和完善。相对于1995年第31号总统令，2000年第96号总统令，可以说是大同小异。然而，2000年第118号总统令则对某些领域的外资比例作了调整。印尼政府2007年第77号总统条例附件1中规定了禁止外资进入投资活动的行业列表。

四、禁止内外资进入的行业

文化旅游业：赌博/赌场、历史和考古遗迹（寺庙、宫殿、古代石刻、埋葬地点、古代建筑、海底发现等）、博物馆、传统习俗村落、纪念碑、参拜场所（宗教活动、墓地）等。

海洋和渔业：天然珊瑚的采集，在保护稀有物种国际公约附录1中涉及鱼类的捕获等。

在传播与信息科学方面：电台调频、卫星轨道的管理和监测，电台和电视公共传播机构。

交通运输业：交通运输终点站场的建设和运营，道路设施的安装与维护，测重桥的建设与合作经营，机动车类型的测试经营，机动车定期测试，导航通信，船舰引航信息，空中交通引导服务等。

工业：经营破坏环境的化学工业，如DDT等、化学武器公约中列表1所列的化学原料工业、内含酒精的饮料工业（烈性酒，葡萄酒和麦芽饮料）、氯碱制造业（使用含汞原料制作）、有害糖精工业等。

农业：栽种大麻。

五、允许投资的行业

印尼政府2007年第77号总统条例附件2中规定，在一定条件下中小型企业可以从事投资的行业如下：

1. 对中小企业开放的行业

小型发电站（不超过10万兆瓦），旅行社，艺术工作室，导游服务业，种植业经营，天然燕窝工程，锯木业，藤条加工业，红树木半成品加工业，海上捕鱼业，公共水域渔船捕捞业，水产品加工业，电信业，快递业，互联网，房屋的电缆安装，小型建筑业，土方挖掘和运输，多层住宅建筑，仓库，工业楼宇的建筑。公共娱乐场所，酒店的建筑。教学楼、体育场馆建设。公路（高架路除外），铁路和机场跑道，桥梁，隧道建设。航道，港口，堤坝，自来水厂建设，远程管道，传播和电力电缆建设，预制件建筑物组装和建设，地基建设。天然气设施装置的安装，火灾报警设备安装，防盗报警设备安装。电梯、扶梯安装，一、二层住宅建筑。水井钻探打造，屋顶防水工程，水泥砖石施工，特殊商业建筑施工。供暖、通风设施和空调安装，电缆安装，住宅天线安装，电气设备安装，护栏安装，窗户框架、玻璃安装，灰泥涂抹，地面瓷砖安装，地面铺设，墙面涂刷和墙纸粘贴，金属和木工工作，装修工程，小规模的商业服务，小规模建筑，建筑物设计咨询服务。建筑设计，国内工程项目建筑和设计，建筑和安装中的各种工程服务，城市规划工程，景点建筑工程，测试、分析服务，城市建筑的结构测试、分析服务等。

公共交通运输：城市或乡村按特定路线运营的线路（公共汽车），不按固定路线营运的出租车。公共轮船运输业务。

工业：鱼类加工业，天然材料印染，手工蜡染业，橡胶加工业，手工或半机械化生产的剪裁业工具，摩托车的维护和保修业，家电、家具的维修，传统、使用天然材料或人工原料制作的手工业，用于建筑、农业生产、加工的手工工具，食品加工行业，烟草加工业等。

农业：水稻耕作（面积等于或少于25公顷），木薯种植（限于25公顷），其他作物种植（限于25公顷），养猪业（数量不可超出125头），杂交鸡饲养，农产品加工业，苗圃（限于25公顷）。

2. 可合作经营的项目

林业：蚕茧业，养蜂业，藤条业，竹产品经营，沉香经营，主食替代品（如西米）经营，松脂业，树脂业，芳香油业等。

渔业：咸淡水养殖业，咸淡水孵化业，鱼产品加工业，鱼产品市场营销。

信息传播业：增加附加值的电信服务业（传呼服务，铃声、短信服务等），多媒体服务业。

工业：丁香烟，纯烟草和其他类型的香烟。蜜饯加工业，由果实、薯类加工食品业。花布印染业，藤条加工业，红树木加工业，芳香油加工业。黏土、石灰和水泥制作类建材业。银制品加工业，海洋特色旅游所使用的捕鱼木船制造业，农用脱粒机、拖拉机，其他手工业行业，螺丝、螺母和各种日常机械零配件业，奶粉和液体奶加工业，在国内移民点的农业、渔业和种植业。

3. 所持资金的比例

外资所占有的股份最高不得超过95%的行业：

印尼东部近海石油天然气钻探服务，陆上石油天然气钻探服务。石油天然气设施的运作和维修服务，建设工程的中介服务。发电厂，电力传输，电力协调，电力设备建设和安装，电力设备的运营和维护，电力设备研发，电力配送，核电厂。

外资所占有股份最高不得超过50%的行业：

艺术画廊，艺术表演场所。酒店（一、二星级），酒店（无星级），其他住所（汽车旅馆，寄宿处），出租居民住所，承办伙食。SPA服务，快捷服务，酒吧/咖啡厅/卡拉OK房，餐饮店，康乐休闲业。旅行社，专业会议组织，演出经营，文化旅游项目经营，保护区外的旅游景点经营，林业中的木炭经营。

森林中的自然游、生态游经营，外资股份占有率最大不可超过25%。

在狩猎公园和狩猎区中经营狩猎活动，野生动植物的繁育，珊瑚的繁育，外资的份额不可超过49%。

在保护区外的天然旅游景点的经营外资可占50%。

制药业（成药工业，制药原料工业）外资份额不可超

75%。

私家医院（专科服务），专科诊所，牙科诊所，康复辅助服务，精神康复服务，体检服务外资股份不得超过65%。

护理服务，健康辅助服务（医疗设备的租赁），医疗设备的校准、维护、检测服务，针灸服务，外资股份不超49%。

咨询和管理服务（医院的管理），健康辅助服务业，外资股份不超过65%。

外资经营厂房的租赁，非租赁支付，风险投资等，最大资金所占份额不可超过85%。

赔付保险业，人寿保险业，再保险业务，保险中介公司，再保险中介公司，保险损失评估公司，保险咨询公司，保险代理公司，外资可持股份不得超过80%。

外汇银行，非外汇银行，穆斯林银行，货币市场中介公司，外资股份占有量不得超过99%。

电信网络经营：1）固定网络的经营外资可占股份的49%；2）封闭式固定网络经营外资可占股份的65%；3）移动网络经营（手机，卫星），外资所占股份可达65%。数据系统通信服务外资可占95%，互联网链接服务外资可占65%，大众电话互联网服务，其他多媒体服务外资可占49%。

通信器材测试机构外资最大份额可占95%。

非小型建筑服务业：地基的挖掘和运输，采矿前期准备，施工棚架的架设，拆除作业，多层住房建设，仓库和厂房建设，商业楼宇建设，大众娱乐场所建设，酒店，餐饮业建筑，教学楼建设，医疗卫生楼宇建设，其他楼宇建设，公路（高架路除外），街道，马路，铁路，机场跑道等的建设，桥梁，高架路，隧道，港口，堤坝和其他涉水建筑，远程管道，传播和电力电缆建设等，外资股份最大可占率为55%。

小型建筑服务业：街道拐弯改造，天然气设施装置安装，火灾报警设备安装，防盗报警设备安装，电梯、扶梯安装，一、二层住宅建筑，水井的钻探打造，屋顶防水，水泥砖石施工，特殊商业建筑施工，供暖、通风设施和空调安装，水管、下水道安装工程，电缆安装，住宅天线安装，电器设备安装，护栏的安装，窗户框架、玻璃安装，灰泥涂抹，地面瓷砖安装，地面铺设，墙面涂刷和墙纸粘贴，金属和木工工作，装修工程，外资可占最大股份为55%。

非小型商业/建筑咨询服务业：建筑设计前的咨询服务，建筑设计服务，合同办理服务，建筑设计和管理的综合服务，其他与建筑设计相关的服务，地基建设、建筑物结构工程设计，民用建筑设计，在建筑和安装过程中的各种工程服务等，外资可占股份55%。

高速公路的经营，自来水供应经营，外资最大股份可达95%。

中、小学教育，高等教育，非学历教育，商务和管理咨询服务，外资股份可占49%。

由商业合作伙伴发展起来的市场渠道直销经营，外资可占60%的份额。

外资可占份额不超过49%的经营项目：轮渡服务，小于30吨的江河湖泊的运输船只，用于江河、湖泊运输和摆渡的设施，普通货物运输，危险品的运输，特殊商品的运输，集装箱运输，大/重型设备的运输，为客运终点站提供支撑服务。普通国内定期运输，国际定期运输，国内不定期空运，国内不定期运输的开拓，空中的特殊运输服务（比如喷洒水和粉），提供航拍、制图，体育运动的空中服务，医疗抢救所需的空运，为飞行员培训的特殊空中飞行，机场服务，运输管理服务，空运远征服务，外国航空公司的普通销售代理，支持空运的辅助服务，国内海运，国际海运，装卸货物，提供港口设施服务，港口的排污、截污设施，救援和水下作业，汽车保养和维修等。

在农业方面的投资经营，外资可占股份95%的项目有：水稻种植，玉米种植，木薯种植，其他杂粮植物的种植等均可大于25公顷，水稻和杂粮种苗的繁育，根据农业部长2007年第26号条例规定的种植园经营，农产品加工业，大于25公顷的种植园及其产品加工业，大于25公顷的种苗基地。根据农业部长2007年第26号条例规定的种植园经营和产品加工业。

爆炸原料工业，工业（商业）用途的爆炸原料与配件，印尼国内员工的安排服务，工作培训，外资的投资份额可占49%。

4. 投资地点，还有相关的规定需要遵守

一、二星级酒店，无星级酒店，其他住宿地（汽车旅馆），民居出租屋，餐饮服务，SPA，快递服务，酒吧/咖啡厅/卡拉OK房，餐馆，休闲娱乐业，（经营国内外路线）的旅行社，专业会议组织者，演艺服务，文化景观经营，私人医院，护理，医疗辅助服务（医疗器材租赁），大型商业（大卖场，超市，百货公司，商贸中心），猪的繁育和养殖（超过125头）等，除了不可与当地条例有冲突之外，还需符合各行业的特定规则。

5. 需要获得特别许可证方可经营的项目

如放射性矿产的经营，需要获得国家原子能机构的推荐和合作；在保护区外经营自然游项目，需获得自然游权威部门的推荐；每年超过2000立方米的锯木业，夹板生产，需根据2007年第6号总统条例要求，保证原材料供应的可持续性等。

6. 国内资本可与100%份额经营项目

电影制作，电影宣传项目，电影制作技术，电影发行（进出口、发行），演出场所，录制场所，天然木材的利用，森林区水环境的利用，育林苗木的供应（进出口），超过100吨渔船的海洋捕捞，12海里内海的30吨以上的渔船捕捞，海沙挖掘，大宗药物交易，大宗制药原料交易，传统药业经营，大众医疗机构，医疗辅助服务，其他医疗服务（家庭病床），个体行医，基础医疗服务实施，医疗保健中心，医疗辅助服务（杀虫、消毒），传统药物加工，个体产房，药房，平价药店，退休金，常规的民众贷款银行，穆斯林贷款银行，外汇交易，私营传播机构，客户传播机构，新闻媒介业，大中小型的建筑咨询和商业服务，零售业，有偿服务大宗业务，酒精类大宗批发和零售，商业调查服务，有偿或合同房地产服务，陆上运输工具租赁服务，其他机械和工具的租赁，建筑物保洁服务，保洁服务，异地无分类公司服务，其他类型服务，武器，弹药，作战工具的生产，对外劳务输出服务，个人的招聘、培训和保障等。

综上所述，虽然印尼政府欢迎外资投资印尼，但并非所有的领域都可进入。同时，外资可占股份的比例有大有小，而且显得混乱，投资者应当研究透彻方可进入。

（以上信息译自2007年印尼投资法和总统条例附件）

第二节 税收与进出口管理

一、关税管理

印尼对大部分进口产品征收从价税,但对大米和糖类等产品征收从量税。

印尼进口产品的关税分为一般税率和优惠税率两种。根据《中国—东盟全面经济合作框架协议货物贸易协议》,2007年起对自中国进口的产品关税将降至8%。2009年起自最惠国进口产品的税率由5%降为0。2010年前中国与印尼将逐步削减关税,将对绝大多数产品实行零关税。

二、主要进口管理制度

印尼政府对某些产品实行进口许可管理制度。该制度分为自动许可和非自动许可。印尼政府对氟氯化碳、溴化甲烷、危险物品、酒精饮料及包含酒精的直接原材料、工业用盐、乙烯和丙烯、爆炸物及其直接原材料、废旧物品、旧衣服9类进口产品实行自动许可管理;对丁香、纺织品、钢铁、合成润滑油、食糖类、农用手工工具6类产品实行非自动许可管理。

同时,印尼政府通过配额和许可证两种形式实施自动许可和非自动许可管理。只有酒精饮料及包含酒精的直接原材料这一类产品采用配额形式。 进口配额只发放给经批准的国内企业。进口许可证适用于工业用盐、乙烯和丙烯、爆炸物、机动车、废物废品、危险物品,并将许可证发放给有资格的生产型企业。获得许可的企业只能将这些进口物品自用于生产。合成润滑油、人造甜料、农用手工工具的进口许可证只发给经批准的进口商。

三、主要出口管理制度

印尼禁止出口活鱼产品、低质橡胶、橡胶原材料、未加工的鳄鱼皮、废铁品（除原产于batam半岛的之外）、圆木和木片、受《濒危野生动植物国际贸易公约》（Convention on International Trade in Endangered Species of Wild Flora and Fauna, CITES）保护的野生动物和天然植物、尿素。此外，印尼禁止向以色列出口任何产品。

印尼主要采取"出口指导"和"出口控制"两种出口限制形式。出口指导产品须符合印尼的出口审批要求。这类出口指导产品涉及活牛、活鱼、棕榈果仁、含铅铝的铁矿石、石油、尿素化肥、鳄鱼皮、未受保护的野生动植物、未加工的金银品、各种金属材料的废品等产品。此外，印尼对出口控制产品采取出口许可证和配额两种方式进行管理。这类出口控制产品涉及咖啡、纺织品服装、橡胶、胶合板或类似的复合木板、柚木、混合藤条和藤条半成品。

四、技术型贸易壁垒

印尼要求所有的进口药品都要在食品药品管理局（BPOM）进行注册后方可在市场上销售。药品注册分为传统药品注册和化学药品注册，二者的注册程序不同。化学药品注册申请人必须为药品出口国生产商指定的印尼销售代理商或批发商，如果要在印尼生产，则由指定的印尼制药工厂提出申请，药品出口国生产商无权申请药品注册。这一规定使出口国生产商丧失了药品注册的权利，不利于保护出口企业的利益。

印尼工业部农业和化学工业总司于2006年11月24日发布了

《有关汽车安全玻璃强制性印尼国家标准的工业部法令草案》
《有关水泥强制性印尼国家标准的工业部法令草案》:

SNI 15 0048 2005（汽车钢化安全玻璃）

SNI 15 1326 2005（汽车叠层安全玻璃）

SNI 15 0129 2004（白水泥）

SNI 15 0302 2004（火山灰质硅酸盐水泥）

SNI 15 2049 2004（硅酸盐水泥）

SNI 15 3500 2004（混合硅酸盐水泥）

SNI 15 3758 2004（砖石水泥）

SNI 15 7064 2004（复合硅酸盐水泥）

上述8项印尼强制性国家标准分别规定了汽车安全玻璃和水泥的术语和定义、类型、质量要求、取样、检测方法、验收、标志和包装要求。根据印尼工业部法令的要求，所有印尼国产和进口的汽车安全玻璃和水泥必须符合上述印尼强制性国家标准的要求，生产商和进口商必须获得使用SNI标志的认证证书。印尼国家认可机构（Komite Akreditasi Nasional，KAN）认可的产品认证机构在执行以下合格评定程序后颁发SNI标志产品认证证书：1. 测试产品质量是否符合SNI要求；2. 审核QMS SNI 19 9001 2001/ISO 9001—2000及其修订的实施情况；3. 定期测试产品质量的符合性和审核质量管理体系（QMS）。质量管理体系（QMS）的测试和审核可转包给由KAN认可或与KAN签署互认协议的机构认可的印尼境内检测实验室和QMS认证机构。工业部农业和化学工业总司负责本法令的执行并提供法令的技术指导。

五、其他壁垒

"灰色清关"问题突出。大部分出口至印尼的中国集装箱货物,大多通过印尼的清关公司办理通关手续。据估计印尼有近300家清关公司。据了解,目前的"灰色清关"行情是,除了要交纳关税和10%的增值税外,20尺的集装箱要另交给清关公司400~600美元,40尺的集装箱要交600~1000美元。中国货物属于薄利多销,单位价值低,按照集装箱的个数交纳清关费用对我国企业不利。

第三节 吸引外资的鼓励措施

一、进口税务

所有由印尼投资协调委员会(印尼负责投资的机构)许可进入的包括现有的外资企业和内资企业,如果以多于已安装生产能力30%的规模扩展其项目来生产类似产品或增加其产品种类,印尼政府将会准予进口关税的减免和征收优惠。

对以下情况,进口税可减至5%(对于进口税价目(BTBMT)中的进口税为5%以下的货物,则按进口税目表的规定征收):

进口生产所需的资本货物如机械、仪器、零件、附件等,进口期限为2年,自同意减免税同意书签发日起算。

进口生产期限为2年的产品所需的原材料和配件。

对于已经享受优惠政策而进口上述物品的企业,如还有需要的物品要进口,可从2002年10月30日起再延长一年。

免征首次在印尼进行的船舶注册契约或证明的有权转让费。

二、税收

政府给予特定项目或领域的国内外投资者如下优惠：

——将投资税减轻至30%。

——加速折旧和摊提。

——亏损结转可长达10年。

——关于红利的10%的所得税，若双方在税务协议上取得一致，则还可再降低。

三、产品出口

对用于生产出口产品而进口的货物可退进口税。

对于在国内购买用于生产出口产品的物资免增价税和奢侈品税。

企业可自由选择在国内或国外购买生产所需要的原料。

四、保税区

对于在保税区内设立的企业，有以下优惠措施：

对于进口生产过程中所需要的资本货物、设备以及原料可免进口税、所得税以及奢侈品的增值税。

允许企业将50%的最终出口产品通过正常的进口手续转移到国内市场，若是非最终出口产品，可100%转移到国内市场。

允许将一些边角料或废料销入印尼境内，但含有生产所用材料的量不超过5%。

允许这些企业将自己的机器设备出借给保税区以外的或无出口加工地位分包商进行深加工，期限不超过2年。

如果这些企业将其产品从保税区或出口加工转口区交到这些区域以外的分包商或是这些区域内的其他公司进行深加工，

则对其免征增值税和奢侈品销售税。

五、综合经济发展区（KAPET）

为发展某些区域的经济建设，如印尼东部地区或者偏远地区，印尼政府已开辟几个综合经济发展区。在这些区域的投资者，可获以下优惠措施：

给予30%的投资补助；

加速折旧和摊提；

亏损结转可延长10年；

降低股息税。

第四节 承包工程的相关政策

一、印尼承包工程的类别

印尼的承包工程项目主要分为4类：

（1）国际援助融资机构提供资金的项目。如：世界银行、亚洲开发银行、欧洲复兴开发银行等提供资金的项目。

（2）外国资金援助的印尼政府项目。

（3）外国和本国资金投资的政府项目。

（4）私人资金项目。

由国际金融机构提供资金的项目，一般进行国际招标。凡该国际金融机构的成员国，都有资格参加投标。投标者的资格预审、招标程序均按国际咨询工程师联合会菲迪克（FIDIC）条款要求进行。

凡要求参加由外国提供资金援助的政府项目、外国和本国投资的项目以及私人投资项目的外国承包商，必须在印尼成立代表处并与印尼公司合营,或就具体项目进行投资与合作,成立外国资本投资公司。

外国公司在印尼设代表处,可由该公司指定外国人、外国公司或印尼人作为代表处的代表。合营可由一家或几家公司合营。根据印尼的法律规定,合营并不形成新的法人,合营后的公司可以承包经营印尼境内的工程项目。

凡有工程承包业务的外国代表处,其印尼合营伙伴必须是具有"A"级资格的印尼承包商协会或印尼承包商联合会成员。进行工程咨询业务的代表处,印尼合营伙伴必须是具有"A"级资格的印尼咨询协会成员。"A"级资格的承包商是指有价值1亿盾印尼币的设备,至少有3名工程师,一年至少有10亿盾营业额的工程承包商。

二、设承包工程代表处的申报审批程序

中国工程承包公司在印尼设立代表处的申报审批程序如下:

(1)拟设立代表处的单位向上级主管部门提交《关于在印尼设立代表处的请示报告》。

(2)上级主管部门征求我驻印尼使馆经商处意见,并报外经贸部审批。

(3)外经贸部审批后,经单位上级主管部门下发《关于在印尼设立代表处的批复》和《批准证书》,单位上级主管部门同时发出本主管部门的《批复》文件。

(4)拟设立代表处的单位根据上述文件在国内办理如下手续:

a. 派往代表处工作人员的护照

b. 公证文件的准备:

任职书(Letter of Appointment),中英文各2份,任职期不得少于2年;

意向书（Letter of Intent），中英文各2份；
申明书（Letter of Statement），中英文各2份；
个人简历（Curriculum Vitae），中英文各2份；
企业法人营业执照（Business License）复印件，中英文各2份。

*营业执照复印件上要加盖发照部门（工商行政管理局）的印章，并注明"仅供办理公证手续用"。

到中国国际贸易促进委员会（或公证处），对上述第2条中所列的全部文件进行公证。

将上述公证后的文件送交印尼驻中国使馆商务部门进行认证，并要求该部门提供1~2份"关于拟设立代表处单位的公证信"（Letter of Reference on the Company），中国国际贸易促进委员会可协助办理此事。

（5）拟设立代表处的单位根据上述文件在印尼办理如下手续（办理签证需到印尼驻中国使馆）：

a. 临时居留证。临时居留证的临时签证期为四周，可延长两次，每次为四周。如需继续停留，则须离境后再次申办。代表处人员一般只能先获得临时签证，然后申请一年期居留证。

b. 一年期临时居留证（黄卡）。为获得此居留证，需依次办理劳工部推荐信（TA-00）、工贸部推荐信、劳工部推荐信（TA-01），持劳工部推荐信（TA-01）、印尼关系单位邀请函、印尼关系单位给印尼驻中国大使的信函、长期签证（VBS）申请表（原件2份）、个人履历表（原件3份）、个人最高学历证书（原件、复印件、英文翻译）等所需文件，通过中国地方外事办公室、外交部送交印尼驻中国使馆，印尼关系单位以及所委托的旅行社在印尼办理长期签证（VBS），印尼移民局通知印尼驻中国使馆签发长期签证（VBS），通过我地方外事办公室、外交部从印尼驻中国使馆获得长期签证（VBS）后，应尽快赴印尼，并应在抵达印尼后一星期内到移民局，办理临时居留证。

印尼关系单位邀请函和印尼关系单位给印尼驻中国大使的信函中，要说明在印尼期间担保公司的名称和承担费用公司的名称。

发放临时居留证时，还同时发放一登记册（蓝本）。

c. 在办完临时居留证后，应立即办理工作准证、代表处准证、税务卡、警察局登记册、住址所在派出所登记证、外侨税（个人所得税以后每个月付）、代表处担保金等手续。

由于手续比较烦琐，可委托印尼当地旅行社办理。同时，向我驻印尼使馆经商参处或现有代表处咨询。

在办理手续前，应准备好护照复印件（全本，1份）、彩色照片（4cm×6cm、2cm×3cm各10张）、代表处信纸、代表处印章、代表处办公地址和证明、个人住址等。

（关于关税管理、进出口管理、承包工程等内容，均来源于中华人民共和国商务部网站信息。）

第五节　投资印尼注意事项

一、适应法律环境的复杂性

印尼的法律体系整体比较完整，但很多法律规定模糊，不同的部门法之间存在冲突，法律的可操作性不强，实际中的执行力更差。虽然法律环境复杂，中国企业到印尼开展投资合作依然要坚持守法经营，密切关注当地法律变动情况，依法维护自身权益，履行相关义务。为了处理复杂和关键法律问题，最好聘请专业律师。

二、做好企业注册的充分准备

在印尼投资设立公司，注册手续繁多，审批时间较长。虽然印尼政府2007年修订了《投资法》和《公司法》，并完善了相关的配套措施，推行"一站式"审批服务，但执行效果仍不理想。企业注册可以聘请专业律师、公证员、投资顾问等专门人员代为办理，但要注意甄选和审核，防止法律文件等出现瑕疵。

三、适当调整优惠政策期望值

为吸引外国投资，印尼政府出台了一些投资鼓励政策，但力度并不大。印尼2007年《投资法》，明确规定要平等对待内外资，中国企业要调整对其优惠政策期的望值，不要误以为印尼会给予外资超国民待遇。

四、充分核算税赋成本

印尼的税收体制比较复杂，企业的税收成本比较高。2008年7月，印尼国会通过新的《所得税法》，调低了企业所得税和个人所得税税率，新法从2009年1月1日起执行。印尼税法对中小微型企业有税收优惠，还有其他产业税收优惠措施等。中国投资者要认真研究相关法律规定，用足用好优惠政策，降低税赋成本。

五、有效控制工资成本

印尼的工资成本整体来说相对较低，但由于《劳工法》对于劳工保护规定比较苛刻,对资方比较不利。如果员工离职,要支付离职费或者补偿金。即使工人罢工,只要程序合法,也要支付薪水。中国到印尼投资要了解当地劳动法关于工资和保护劳工权益的具体规定,精心核算工资成本。

此外,中国投资者在印尼开展业务还需关注安全、环保、社会责任等方面的问题。

(关于投资印尼注意事项来源于驻印尼经商参处资料,有所修改。)

第六节 印度尼西亚的国际仲裁

1977年,印度尼西亚国家仲裁委员会(又称"BANI")在雅加达成立。它是由印尼国家商会资助成立的民间仲裁协会,该会处理国内及国际商事仲裁,并建立了规范诸如仲裁程序及指定仲裁员等问题的仲裁程序规则,它是印尼主要的仲裁协会,拥有一个主要包括退休法官及执业律师组成的仲裁员名单。不过,尽管有该委员会,大部分印尼公司与外国公司之间的国际合同争议均提交外国仲裁,并适用诸如国际商会或伦敦仲裁法庭等知名仲裁机构之规则。

印尼仲裁法源于荷兰法,主要体现在1847年民事诉讼法第615~651章。这些以"仲裁员的决定"为题的章节同1986年修订之前的旧荷兰民事诉讼法相似,许多商事纠纷,包括与政府机构及国营公司纠纷可用仲裁解决,印尼对国内和国际商事纠纷没有法律区别,也没有各自的法律规范,因此,民事诉讼法第615~651章的条款也适用于国际仲裁。

民事诉讼法典自1847年生效以来,其旧的有关仲裁条款一直没有被改动过,但假如它们被认为只不过是"方针(准则)"或它们与1945年国家宪法或者国家基本原理法相悖,则可能会被认为无效(例如:民事法院在1963年第3号通知中称此条款应该宣告无效)。新的仲裁法已由国家法律发展协会拟定,但其条款将并入正在起草中的新的民事诉讼法典,最近印尼正讨论关于采纳UNCITRAL示范法。

1967年调整印尼外国投资合资的外国投资法也规定了国有化资产有关的仲裁,第22章规定若对外国投资国有化,必须给予补偿。若外国投资者认为补偿数额不合理,他们可将案件提交仲裁。由于印尼也是解决投资争端的国际公约参加国,因此外国投资者与印尼的任何纠纷都可参照世界银行的解决投资争端的国际公约通过仲裁予以解决。

在印尼做出的仲裁裁决,必须在管辖该地区的法院进行登记(CCP第634条),由该法院院长以授权形式签署执行命令。

印尼于1981年加入1958年纽约公约,1984年印尼最高法院判决因缺乏相应的具体执行规定,外国仲裁裁决不能在印尼得到执行。该判决引起不少争议和混乱,直到1990年最高法院在1990年第1号判决中明确无疑地规定外国仲裁裁决在印尼的可执行性。

加尔各塔中心区法院被指定为外国仲裁裁决的登记和执行法院。该院应在接到申请14日之内交由最高法院批准执行状,取得执行状后,该仲裁裁决将转交给加尔各塔中心区法院执行,该规定第四条第(2)款规定若某仲裁裁决违反"印尼法系的基本原则或本国公共秩序"不准核发执行令。

印尼亦是1927年日内瓦公约的成员国,但由于该公约是由荷兰人签署,其效力颇有争议(同上述原因)。

除非仲裁协议明确规定不得上诉,否则当事人若对仲裁裁决不服者可上诉,上诉时可按照普通的法院上诉程序。根据

CCP第643条的规定，当事人可依下列理由向签发相关仲裁裁决的法院申请撤销仲裁裁决：（1）当事人的和解无效或已被终止。（2）有关仲裁员缺席而由其他无权的仲裁员所做出的决定。（3）仲裁员对有关问题未能做出决定，仲裁员裁决的术语相矛盾，未遵循程序规则。（4）基本裁决后被证明为基于错误的文件作出的判决。（5）裁决后出现未知的有决定性作用的新文件，在欺诈或欺骗基础上做出的裁决。然而，印尼法律未规定外国仲裁裁决在印尼法院是否可上诉。

第五章
中印尼关系

本章导读

☆ 中国与印尼两国关系源远流长,最早可追溯至公元前2世纪。中国与印尼正式建交于1950年4月。1965年印尼发生"9·30事件"后,两国于1967年10月30日中断外交关系。1990年8月8日,两国正式恢复外交关系。近年来,中印尼关系发展快速。在双方共同努力下,政治关系日益成熟,高层互访日趋增多,经贸关系日益紧密,互补性不断加强,双边友好合作关系展现出美好的前景。

第一节　中印尼关系历史回顾

中国与印尼的关系可谓历史悠久，两国最早的交往记录可追溯至公元前2世纪。汉朝时，中国与印尼爪哇和苏门答腊岛诸王国就已建立了联系，唐宋以后，印尼诸王国定期向中国派遣使者朝贡，而中国也本着"厚往薄来"的政策回赐以大量财物。除了官方"朝贡贸易"，历史上，两国民间文化和贸易往来也颇为频繁。

据《汉书·地理志》记载，汉武帝时期，中国政府派遣外交使节和随行商人前往东南亚和南亚做友好访问和通商活动；据《后汉书》记载，东汉顺帝年间，爪哇西部的叶调国派遣使节向汉朝皇帝贡献礼品，汉顺帝也回赠金印紫绶的礼品，这是两国最早友好往来的正式记载；东晋高僧法显去天竺（印度）取经路上遭遇风浪，漂流至耶婆提（爪哇或苏门答腊），停留5个月，回国后撰写《佛国记》，提到耶婆提的历史、地理和风情等；唐代往印度求经的僧侣有不少人前往爪哇诃陵和苏门答腊室利佛逝研究佛经。其中高僧义净曾三次停留室利佛逝，学习梵文，翻译佛经，著有《大唐西域求法高僧传》和《南海寄归内法传》，介绍了包括室利佛逝在内的南海风土人情；中国史书记载室利佛逝多次朝贡唐代、宋代中国，说明两国关系相当密切。印尼出土文物也证明中国汉代已同印尼的三个主要岛屿发生经济文化交往，而且已有华侨定居在苏门答腊和爪哇岛，唐朝末期开始有成批中国移民定居印尼，至宋代已形成初步的华侨社会；中国元代，爪哇新柯沙里国同元朝本建立了朝贡贸易关系，后因发生冲突交恶，直到满者伯夷王国才又建立友好关系。满者伯夷时期，中国商人在印尼贸易活动相较唐宋区域范围有所扩展；明朝的明成祖派遣郑和七下西洋，每次必经印尼爪哇和苏门答腊岛，在印尼留下了不少有关郑和的史迹和传说，如三宝垄、三宝井等就是以他的名字命名的，不少地方还建立了"三宝公庙"。中国人的养蚕和丝绸纺织技术、甘蔗制糖、造纸、制茶等传入印尼，而印尼的木棉和许多香料植物也先后传入中国。荷兰殖民时期，一方面荷兰人为了开发印尼经济，不断到中国沿海广东、福建一带捕获或贩卖劳力，运到印尼苏门答腊、爪哇和加里曼丹岛的矿山和种植园充当采矿工人、种植园工人；另一方面因当时中国国内经济形势所迫，大量华人流入印尼充当苦力，使印尼成为海外华人最多的国家。

苏加诺领导时期即旧秩序时期，受华侨问题、意识形态问题和美国因素等多重复杂因素的影响，中国和印尼的关系可谓一波三折：一开始，印尼就想同中国发展国家关系，但同时又对新中国怀有猜疑和戒备，其后两国关系进入了一个短暂的友好交往期，最后又演变成为相互敌对。新中国成立后不久，印尼考虑到当时所面临的国际形势（印尼建国尚未获得国际社会的广泛认可，而且联合国的态度亦不明朗），亟须借由同中国建交寻求邻近大国道义上的支持，印尼共和国于1950年4月13日与我国建立了外交关系。中国政府先后在雅加达、棉兰、马辰和望加锡开设使领馆，任命王任叔为中国驻印尼首任大使。但事实上，当时的印尼政府其实是反共政府，由于1948年印尼曾发生了牵涉印尼共产党在内的叛乱活动，自此对共产党持不信任、怀疑甚至仇恨态度。而且哈达内阁曾明确表示要与西方国家（即资本主义阵营）建立更为密切的合作关系，以此寻求经济援助。印尼国内政治势力也反对与中国建交，尤其是穆斯林社会，认为共产党领导下的中国是一个制造麻烦的国家，一方面担心中国驻印尼使馆的设立会便于中共支持印尼共制造事端,且对中国政府与印尼建交的动机持怀疑态度,猜疑中国是为了赢得印尼华人支持以对抗逃往台湾的国民党政权;另一方面,又担心与中国(社会主义大国)建交会惹美国不满,会失去美国援助。所以并没有马上向中国派驻大使,而是于1951年1月才委派临时代办驻中国,希望保持比较低层关系,以平息国内反对的声音。1952年中方建议设立两国商务关系,也没得到印尼方回应。直到1953年10月印尼政府才正式任命驻华大使,两国于当年12月签订第一个贸易协议,50年代双边贸易额达到1.2亿美元。此后,两国间文化交流也开始频繁,互派文艺代表团出访。

1955年万隆亚非会议召开期间,周恩来总理与印尼外长签署了关于双重国籍问题的条约,合理解决了历史遗留下来的华侨双重国籍问题。亚非会议之后,两国领导人互访密切。亚非会议闭幕一个多月,印尼总理阿里·沙斯特罗阿米佐约应邀到中国进行正式友好访问;1956年7月,中国人大常委会副委员长宋庆龄访问印尼;1956年8月,印尼合作国会议长沙多诺对中国进行友好访问;1956年9月,印尼总统苏加诺访问中国,受到毛泽东主席、刘少奇副主席等中国国家领导人非常热情和隆重的欢迎;1957年9月,印尼副总统哈达访问中国;1961年3月,中国副总理兼外长陈毅应邀访问印尼,两国签订了友好条约和文化协定;1961年6月,苏加诺总统在环球旅行中曾到中国短期访问;1963年4月中国国家主席刘少奇访问印尼;1964年11月,苏加诺总统在结束访问朝鲜民主主义人民共和国后,顺访中国;1964年11月6日,中国印尼签订了航空协定,开辟了两国直达航线;1965年1月,印尼第一副总理兼外长苏班特里约访问中国,两国签订了经济、技术合作协定和贷款协定;1965年4月,周恩来总理前往印尼参加万隆会议10周年纪念活动。

　　苏哈托领导时期即新秩序时期，中国与印尼关系经历了断交、敌对到慢慢开始接触并恢复外交关系的漫长过程。1965年印尼发生"9·30事件"，并被借此事件而上台的苏哈托政府定性为印尼共意欲夺权的阴谋政变，印尼还无端指责中国政府参与其间，干涉印尼内政。"9·30事件"直接导致1967年10月30号印尼单方面宣布断绝与中国的外交关系，关闭中国驻印尼使领馆，两国外交关系被迫中断。两国直接贸易也因此中断，只好通过香港和新加坡开展间接贸易，大批华侨被迫回国。"9·30事件"导致了印尼国内对中国及共产党持仇恨、敌视态度的势力，尤其是印尼军方和穆斯林激进势力更加壮大，从而也导致了两国重修和好关系的道路更为漫长和曲折。20世纪70年代末，中国开始实行改革开放政策，重视发展经济的苏哈托政府，意识到与中国开展直接的经贸交往对印尼会带来很大的益处，对中国的态度才开始有所转变。但由于国内反对势力的阻挠，直到1985年两国才恢复直接贸易，另经过艰苦的谈判协商，1990年两国恢复外交关系。

　　1978年，印尼羽毛球队到中国参加比赛，工商会代表团访问中国；1980年、1985年，中国政府两次派代表团参加印尼万隆会议25周年和30周年庆祝活动；1985年印尼政府与中国政府签订了开展直接贸易备忘录，开始恢复直接贸易。1989年钱其琛外长在日本分别与印尼总统苏哈托和国务部长穆迪约诺就复交问题举行会晤。同年12月，两国就关系正常化的技术性问题进行会谈，并签署会谈纪要。1990年7月印尼外长阿拉塔斯应邀访华，两国发表《关于恢复两国外交关系的公报》。1990年8月8日，李鹏总理访问印尼期间，两国外长分别代表本国政府签署《关于恢复外交关系的谅解备忘录》，宣布自当日起正式恢复两国外交关系，双方在对方首都重设使馆。1990年11月，苏哈托总统和夫人对中国进行友好访问，两国就双边关系以及共同关心的重大地区问题和国际问题，深入地交换了意见，取得了广泛共识；双方签署了关于成立经济、贸易、技术合作联委会的谅解备忘录，以及关于经济、贸易合作会谈纪要；双方还就投资促进和保护协定、避免双重征税协定、航空协定和海运协定进行了商讨；1991年，中国国家主席杨尚昆应邀回访印尼，就两国关系、地区问题和其他共同关注的问题进行了亲切友好的会谈。1991年1月签署航运协定，开辟了直飞航线；1992年1月签署新闻合作谅解备忘录，新华社在雅加达开设分社，人民日报向印尼派驻记者。1994年签署旅游、卫生、体育合作谅解备忘录，启动互派留学生项目。1997年两国成立科技合作联委会，已举行两次会议。新秩序后期，尽管两国恢复了外交关系，但主要局限于贸易往来、文化交流方面。两国关系还未达到政治互信、全面友好的程度，究其原因，主要还是印尼部分政治势力对中国持不信任和猜疑的态度并始终保持戒心，中国威胁论在印尼仍然有一定市场。

第二节　中印尼关系现状

1998年，苏哈托下台，印尼进入了后苏哈托时代的民主改革期，中国与印尼关系有了较快发展。在政治方面，两国高层和各职能部门的交往日益频繁密切。1999年12月阿卜杜勒·拉赫曼·瓦希德总统对中国进行了正式访问，这也是他首次对外进行的正式访问，标志着印尼—中国双边关系的重要转折，巩固了两国关系发展和合作的基础。1999年底，两国就建立和发展长期稳定的睦邻互信全面合作关系达成共识。2000年5月两国签署《关于未来双边合作方向的联合声明》，成立由双方外长牵头的政府间双边合作联委会。2005年4月两国元首签署中国印尼战略伙伴关系联合宣言。2006年两国启动副总理级对话机制。2009年11月，两国政府确定2010年为"中国印尼友好年"。2010年10月苏西洛总统前往上海参加世博会，并参加了中国—印尼商务论坛。2010年10月布迪奥诺副总统对中国进行了工作访问，会见了温家宝总理并与习近平副主席举行会谈，习近平就双方加强战略伙伴关系提出了6点建议。其中就建议提升中印尼的经贸合作水平，努力实现2014年双边贸易额达到500亿美元的目标，同时在加强中印尼双方在金融、能源等方面的合作方面取得实质性成果。此外，在2010年多个国际活动中，胡锦涛主席和温家宝总理与苏西洛总统多次会面，双方围绕20国集团领导人峰会、世界经济、气候变化等问题进行了密切交流。

近年来两国立法机构交往也日益密切。2009年新一届国会组成后，印尼人民协商会议主席陶菲克出访的第一个国家就是中国。印尼国会议长预计于2011年访问中国。此外，印尼国会于2010年成立了印尼—中国友好小组，双方交流频繁。友好小组成员非常关心两国关系，在双方的合作交流中发挥了独特作用。在中国与印度尼西亚建交60周年暨两国战略伙伴关系确立5周年之际，中国全国人大常委会委员长吴邦国应印尼国会议长马祖基的邀请，于2011年11月6日开始对印尼进行正式友好访问。

通过2010年的中国印尼友好年活动，双方进一步加深友好感情，了解沟通也得到深化。在双方共同努力下，2010年中方在印尼举办了"中国·印尼2010年伊斯兰文化展演"、"墨韵和风：中国书画展"以及中国航天友好代表团及"远望五号"

航天测量船对印尼访问等活动，烘托了友好年的气氛。在中国，中国民众对上海世博会印尼馆兴趣盎然，该馆参观人数最终突破800万大关。

两国经贸合作发展顺利。复交后双方签订了《投资保护协定》、《海运协定》、《避免双重征税协定》，并就农业、林业、渔业、矿业、交通、财政、金融等领域的合作签署了谅解备忘录。2001年底，双方将农业、能源和资源开发以及基础设施建设确定为经贸合作重点领域。2002年3月成立两国能源论坛，9月召开首次会议。2006年10月，双方在上海召开了第二次会议。2007年9月，双方在上海召开第九次经贸技术联委会。2008年3月，中国银行泗水分行复行。2008年12月，能源论坛第三次会议在雅加达举行。2009年，中方援建的印尼泗马大桥举行通车仪式。中国与印尼经贸关系发展势头强劲。2010年，双边贸易额持续增长60%左右。据统计，截至9月底，双边进出口贸易额已突破300亿美元，全年达到427.5亿美元。投资方面，印尼是中国在东盟投资最多的国家之一和对外承包工程的重要市场，截至2010年底，在印尼投资办厂的中国企业超过1,000家，各类投资累计超过60亿美元，纳税超过10亿美元，为印尼创造了3万多个就业岗位。

两国在民航、科技、教育、卫生、旅游等领域的交流与合作不断发展。2000年5月签订《关于在印尼举办汉语水平考试的协议书》。同年7月签署《刑事司法互助条约》。2001年11月重新签署《文化合作协定》。2001年印尼正式成为中国公民自费出境旅游目的地国。2008年印尼旅华人数42.63万人次，中国公民首站赴印尼人数24.84万人次。两国民航部门2004年12月就扩大航权安排达成协议。2005年，两国相互免除持外交与公务护照人员签证，印尼政府宣布给予中国公民落地签证待遇。2010

年8月3日,中国—东盟教育部长圆桌会议暨第三届中国—东盟教育交流周在贵阳开幕,中国与印尼签署《中华人民共和国教育部与印度尼西亚共和国国民教育部关于教育领域合作的谅解备忘录》。

双方地方政府交流活跃。两国已缔结的友好省际关系和城市有:北京市—雅加达特区、广东省—北苏门答腊省、福建省—中爪哇省、云南省—巴厘省、海南省—巴厘省、成都市—棉兰市、漳州市—巨港市、广州市—泗水市。

两国两军关系取得可喜进展,双方在组团互访、装备技术、人才培训等领域开展了日益密切的合作,防务安全磋商机制运行良好。2006年,两国防务部门建立防务安全磋商机制,为两国防务部门加强战略沟通、坦诚交换意见、表达关切、规划两军关系构筑了平台。两国海军交流互访成果显著。2009年4月,印尼海军参谋长来华出席了中国海军成立60周年庆典活动,当年8月,中国海军"广州"号导弹驱逐舰参加了印尼国庆海上阅舰式。双方务实性交流与合作前景广阔。两军在观摩演习、人员培训等领域的合作取得积极进展,中方多次邀请印尼军队人员观摩军事演习,与此同时,中方也派出了军官到印尼军队的指挥参谋学院学习。广泛的人员交流,增进了两军官兵间的相互了解与信任。中央军委副主席郭伯雄一行于2010年5月11—23日对澳大利亚、新西兰和印度尼西亚三国进行正式友好访问。

第三节　中印尼未来关系展望

展望未来,中国印尼两国经贸合作前景看好。两国同为20

国集团成员国，又是有着悠久文化和经贸往来的邻国，既有良好的合作基础，又有广阔的合作潜力。目前，两国间政治互信进一步加强，中国是联合国常任理事国，印尼2006年10月当选非常任理事国，两国没有根本的利害冲突，在世界和地区合作等许多问题的立场相似或一致，在南中国海也没有领土纠纷，两国都同样面临发展经济、消除贫困、打击贪污腐败、提高人民生活水平等相同的问题。

两国同为当今世界上经济增长较为迅速的新兴经济体，拥有庞大的市场潜力。一方面，中国保持了高速的发展势头，经济整体实力强，GDP总量已位居世界第二，而且仍能保持较快的增长速度，对资源和能源的需求量相当大；中国是世界上最大的加工工业基地，拥有丰富的生产经验和技术，但却面临劳动力成本提高等因素，制造业发展面临瓶颈。而印尼作为东南亚资源、能源最为丰富的国家，有很大的发展潜力，但基础设施严重滞后，仅靠国内投资远远不够；印尼劳动力成本相对较低，制造业相对落后，所以两国有很强的经济互补性。

事实上，中国与印尼在基础设施和承包工程方面已经有了很好的合作。目前，印尼在基础设施建设方面的需求依然强劲，因而进一步加强中国与印尼基础设施领域合作，扩大中国承包工程企业的国际市场份额，有利于直接带动机械设备等相关产品出口和对外劳务、设计咨询业务增长，增强中国经济发展的外需动力；从长期看，基础设施建设可助印尼改善投资环境和发展经济，为中国企业投资印尼创造条件；加强与印尼在航空、货运、港口等领域合作，有助于形成和贯通中国与东盟及周边国家的交通网络，扩大中国与周边国家的经贸往来和友好关系。尤其是2008年金融危机以来，中国与印尼都能保持较为稳定的经济增长，双边关系发展良好，这是中国印尼经贸合作快速发展的有利条件。2010年1月1日中国—东盟自由贸易区的正式实施,已为本地区较快摆脱全球金融危机的影响,实现经济复苏发挥了积极作用。当前印尼各界在自贸区问题上的共识逐渐增长,越来越多的人士认为自贸区所带来的机遇远远大于挑战。

印尼在能源资源领域的优势十分明显。能源矿产业是印尼经济的支柱产业之一,印尼石油、天然气、煤炭储量非常丰富。印尼的可再生能源发展空间亦十分广阔,地热能源探明储量占全球总量的40%,水利资源占东南亚一半。印尼的农业渔业资源也非常丰富,是世界上棕榈油、天然橡胶、可可、咖啡等农产品的最大生产国和出口国之一。海洋面积广阔,渔业发展潜力大。中国则正处于城镇化、工业化加快发展阶段,资源类产品刚性需求增长、对外依存度不断提高,亟须拓宽海外供给渠道。因此,印尼企业及其相关产品完全可以凭借上述自身优势,并借助中国—东盟自贸区的各种便利进入中国这个世界上发展最快、最具潜力的市场,直接受益于中国经济的快速发展。相信随着中国与印尼双边贸易投资便利化程度的提高,双方在经贸领域的合作潜力将被进一步释放,两国企业和消费者都将从中受益,中国与印尼双方的优势互补一定能够实现。

中印尼两国还需要真正实现全方位彼此互信。一方面,中国需要向亚洲的邻国包括印尼证明中国的发展并不以牺牲别国利益为前提,中国坚持和平发展的方向和理念不会改变;另一方面,印尼也应消除对中国已有的成见、偏见,摒弃历史上由于意识形态、冷战思维导致的误解甚至敌对、仇视等消极情绪和观念,充分发挥中国—东盟自贸区作用,互补合作,共同发展,真正实现互利双赢。

第六章
投资指南

印度尼西亚
社会文化与投资环境

本章导读

☆ 在东盟10国中,印尼版图最为辽阔,资源最为丰富,人口众多,市场很大。但其经济发展在东盟国家中只能排在中游水平,经济发展的潜力巨大。印尼与中国的经济发展水平存在差距,互补性强。中国印尼作为近邻,投资兴业有得天独厚的优势。印尼设置的6大经济走廊,着力发展的8大行业和18个主攻方向,为企业家和投资客提供了投资契机。了解印尼的投资环境和文化,是印尼投资成败的关键。

第一节 印尼发展现状

　　世界经济发展重心东移，中国、印度成为世界经济发展的引擎。人口排名世界第四的印尼，并不甘于被边缘化。一方面，中国和印度的崛起使其感到自身的压力增大。另一方面，印尼在20国集团、亚太经贸组织成员国和东盟老大的地位，也迫使其欲急起直追。印尼政局经过十多年的民主改革之后，趋于稳定发展阶段。印尼东西部发展差距巨大，西强东弱，各地经济发展失衡，失业率长期高居不下。这些因素迫使其谋求破局的思路。印尼经济发展总体规划就是在这种背景下出台的。2010年12月30日印尼内阁会议之后，在2011年短短的4个月时间内，印尼主管经济的统筹部长就紧锣密鼓地组织相关部门编制印尼经济中长远发展的总体规划。印尼在苏哈托执政32年期间，编制了多个5年发展计划，经济发展成就有目共睹。苏哈托倒台后，印尼政府像走马灯一样频繁更替，一时无暇编制经济中长远发展蓝图。而苏西洛终于稳住政权，两届总统任期是10年，2009年大选连任后，终于可以腾出手来抓经济，谋求国家建设的腾飞了。

　　印尼是东盟最大的经济体，2008年全球经济危机，对印尼来说影响不是很大，反而政府应对措施得当，取得一个比较理想的经济增长，当其他国家还在经济危机中苦苦挣扎的时候，印尼2008年的经济增长率达到6.1%。然而，全球经济不景气也使印尼难以独善其身，加上2009年是印尼总统换届大选年，业界对印尼形势走向持观望谨慎态度，经济增长率呈下滑态势不可避免，但2009年其经济增速仍然达到4.5%，仅次于中国和印度，业绩不差。2010年印尼的经济增幅又恢复到6.1%，表现突出。苏西洛总统大选连任后,国际投资机构普遍看好印尼经济未来的表现。

世界对印尼也抱有乐观态度。国际货币基金组织(IMF)预测2009—2015年期间,在世界18大经济体中印尼的经济增长速度将名列前茅,如下图:

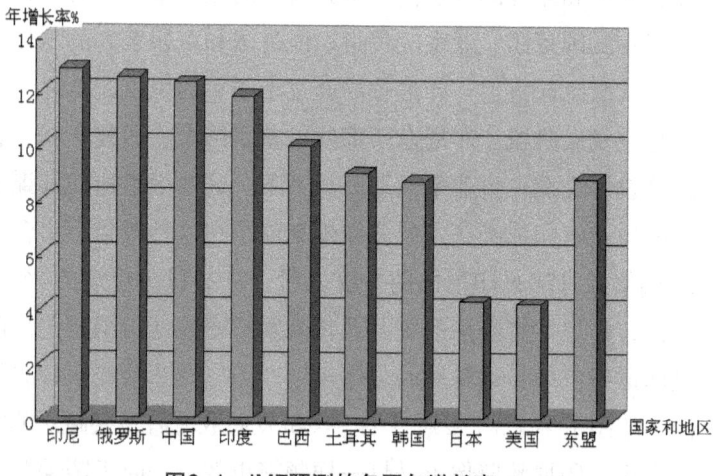

图6-1　IMF预测的各国年增长率

印尼经济统筹部长哈达披露,2010年印尼的三产结构占国民生产总值的比例是:第一产业22%;第二产业33%;第三产业45%。

第二节　印尼中长远发展总体规划目标

根据印尼作为海岛国家的特点,印尼政府设立六大经济走廊,主抓8大行业18类项目,设置相关的经济发展中心,带动区域经济的快速扩张,实现国家跨越式发展。规划中制定的目

标是:

2014年,国民生产总值将达1.2万亿美元,人均年收入达到4800美元,在世界的经济实力排名第14位。

2025年,国民生产总值将达3.8万亿~4.5万亿美元,人均年收入达到13,000~16,100美元,在世界的经济实力排名第12位。

2045年,也就是印尼独立一百周年之际,印尼国民生产总值将达到16.6万亿美元,人均年收入达到46,900美元,在世界的经济实力排名第7或第8位。

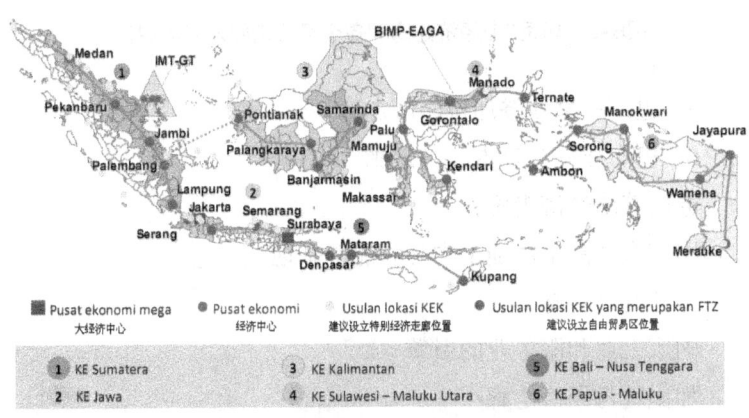

图6-2 印尼的六大经济发展走廊

第三节 印尼六大经济走廊

印尼的六大经济走廊分别是:

1. 苏门答腊经济走廊
2. 爪哇经济走廊
3. 加里曼丹经济走廊
4. 苏拉威西—北马鲁古经济走廊

图6-3　印尼6个经济走廊和各个经济走廊发展的定位

5. 巴厘—努沙登加拉经济走廊
6. 巴布亚—马鲁古经济走廊

苏门答腊经济走廊：

国家农产品生产加工中心和能源基地

爪哇经济走廊：

国家工业和服务业的引擎

加里曼丹经济走廊：

国家矿产生产和提炼中心、国家能源基地

苏拉威西—北马鲁古经济走廊：

国家农业、种植业、渔业生产和加工中心

巴厘—努沙登加拉经济走廊：

国家旅游门户和副食品基地

巴布亚—马鲁古经济走廊：

丰富的自然资源加工业基地和人力资源培训基地

第四节 六大经济走廊的定位和点评

一、苏门答腊经济走廊

1. 国家农产品生产加工中心和能源基地

由7个中心组成：棉兰、帕干巴鲁、占碑、巨港、楠榜、西冷（Serang）、雅加达。

印尼政府对该经济走廊的国民生产总值期望值是，预计可以从2010年的1,390亿美元上升至2030年的4,730亿美元，增幅为3.4倍，年增幅预计在6.3%。

2. 焦点行业和策略

棕榈油：通过转变种植方式提高收成，在上游工业做文章。

橡胶：提高产量，拓展下游工业链接。

煤炭：通过提高对铁路基础设施的建设，扩大煤炭产量。

3. 所需的关键基础设施

港口：棉兰、杜迈（Dumai）、巨港（Palembang）。

铁路/公路：贯通苏门答腊全岛的铁路/公路，包括廖内省棕榈园专线铁路。

苏门答腊发电站：用于支撑下游工业的苏门答腊发电站，用于苏门答腊采煤和煤炭加工。

区位发展优劣势点评：

苏门答腊岛面积47.4万平方公里，人口约5,000万，相对人口密集的爪哇岛，苏门答腊地广人稀，有很大的发展空间。该岛自然资源丰富，亚齐、北苏门答腊省、廖内省等地盛产石油天然气，全岛盛产橡胶、棕榈油、椰子、咖啡、丁香、胡椒、水稻等，矿产有出产煤炭、锡等。

岛内有全印尼最大的淡水湖多巴湖,面积达1,700多平方公里,是印尼著名的旅游胜地。岛内最大的城市是位于北苏门答腊省的省会棉兰市,在印尼最大城市中排名第三,人口两百多万。棉兰毗邻新加坡、马来西亚,又处于马六甲海峡国际航运要道上,其区位优势明显。在即将出台的总体规划中,棉兰市将发展成为印尼主要的国际通商门户,国际航运枢纽港。

不过,该岛处于印尼地震带上。2004年12月苏门答腊的亚齐附近海域发生的9级地震,引发海啸,其影响不仅仅局限在印尼,还波及斯里兰卡、印度和泰国,导致约30万人死亡。因此,投资该岛也要考虑规避地震海啸等自然灾害的风险。当然,该岛面积很大,地震、海啸的影响因地而异,不可一概而论。

二、爪哇经济走廊

1. 国家工业和服务业的引擎

由四个中心组成:雅加达、万隆、三宝垄、泗水。

印尼政府预计该经济走廊的国民生产总值的增幅,可以从2008年的3,040亿美元上升至2030年的12,820亿美元,增幅为4.2倍,年增幅预计在7.5%。

2. 焦点行业和策略

食品生产:解决国内食品需求的矛盾。

纺织业:改变进口产品充斥国内市场的局面,占领国内市场,成为有竞争力的纺织品生产国。

运输工具工业:发展具有更高附加值的产业,吸引更多原创企业前来投资。

3. 所需的关键基础设施

港口:雅加达、三宝垄、泗水。

铁路/公路:贯通爪哇全岛(雅加达、芝甘北[Cikampe]、万隆、三宝垄、泗水），要求等级更高，更完善。

发电站：雅加达港口电力的扩容。西爪哇省和中爪哇省的电力供应。

区位发展优劣势点评：

毫无疑问，爪哇岛是印尼历届政府发展的重心，其基础设施的完善是印尼其他岛屿所无法比拟的，印尼的大部分工业都集中在爪哇岛上。爪哇岛面积仅12.9万平方公里，加上属于东爪哇省的马都拉岛才13.2万平方公里。爪哇岛仅占印尼国土面积的约1/15，人口却占印尼总人口的约58%，达1.366亿，是世界上人口最密集的地区。首都雅加达是全国政治、文化、商业、金融、工业和航运中心。泗水是东爪哇省的省会城市，印尼第二大城市，是印尼工业和商贸中心，工商业化程度最高，也是印尼第二大航运中心。万隆是西爪哇省省会城市，是印尼甚至是东南亚的纺织品工业中心。

不过雅加达、泗水、万隆等大城市的交通十分拥挤，已经到了不堪负荷的地步。随着大雅加达都市圈的形成，水资源也成了制约工业发展的瓶颈。由于各种条件的限制，已经传出要搬迁首都的强烈呼声。雅加达作为印尼金融中心，贸易中心，投资印尼作为企业办事处当然是不错的选择，但实业应放到那些资源丰富，经济欠发达的地区，也许获利更丰厚。工业、制造业、加工业等项目投资爪哇岛，出于环境保护考虑，政府设置的门槛会越来越高。

三、加里曼丹经济走廊

1. 国家矿产生产和提炼中心、国家能源基地

由四个中心组成：坤甸（Pontianak）、帕朗卡拉亚（Palangkaraya）、巴厘巴板（Balikpapan）、三马林达

(Samarinda)。其实这是加里曼丹岛四个省的省会城市。

印尼政府对该经济走廊的国民生产总值期望值不算太高,估计可以从2008年的590亿美元上升至2030年的1,520亿美元,增幅为2.6倍,年增幅估计在3.6%。

2．目前的焦点项目

石油天然气:增加开采量,以保障稳定的生产增长。

棕榈油:增加产量,扩大深加工,延伸下游产业,增加附加值。

煤炭:修建抵达内地煤矿的基础设施,提高煤炭产量。

3．未来发展的工业

渔业:扩大发展海虾养殖业。

木材:建设可持续发展的林业,扩大附加值高的产业如造纸等。

橡胶:扩大橡胶的生产。

4．所需的关键基础设施

内河港口码头:接驳港口与铁路的基础设施,发展内河煤炭运输,巴里托河(Barito)和马哈甘河(Mahakam)的运输整治。

铁路:中加里曼丹省的铁路,使得煤炭运输更加便捷,有更大的经济效益。

高速公路:中加里曼丹省和西加里曼丹省,更好地连接棕榈种植园、矿山与外界的联系,提高棕榈油和煤炭的产量。

区位发展优劣势点评:

地广人稀是加里曼丹岛的优势,全岛面积达到73.7万平方公里,属于印尼的领土达53.9万平方公里。文莱国也占据该岛的一小部分,另外部分则是马来西亚的领土。热带雨林是该岛的最大财富,盛产各种珍贵木材和藤条。当然,之前对此地球之肺的无序采伐曾经令世界为之震惊。加里曼丹岛总体来讲没有爪哇岛的土壤肥沃，农田多是望天田，好在该岛雨量充沛。棕榈、橡胶是政府提倡发展的经济作物，棕榈园经营前景好，棕榈油除了可用作食用油外，在工业上也有广泛的用途。世界上没有哪种油料作物性价比高于棕榈油的了。加里曼丹也盛产石油、煤炭、钻石、金子、硅石等。许多资源尚待人们去发现和开采。而在与南中国海相连的纳杜纳（Natuna）板块，据说发现了202万亿立方英尺的天然气。但以印尼目前的科技水平，开采尚需时日。

在2010年印尼风传首都搬迁的浪潮中，最常被提及的未来首都的搬迁地是中加里曼丹省的省会城市帕朗卡拉亚市。为什么人们对此情有独钟呢？一是她处于印尼的东部地区，又处于印尼版图的中心，政府想推动东部经济的发展，选择东部地区显得有发展东部的决心。二是加里曼丹岛是印尼唯一没有地震的地带，出于对城市安全，尤其是对首都安全的考虑，合情合理。三是该地区面积辽阔，城市有大的发展空间，且有河流经过，饮用水源有保障。当然，迄今为止这仅仅是一个传闻，因为首都的搬迁涉及的方面太多，建设新都也要破费大量的资金和物力。

不过，帕朗卡拉亚市的基础设施滞后，包括整个辽阔的印尼东部，人口只有4,400多万，人均年用电量尚不足60千瓦/时，制约了工业化发展。当然，风险与机遇相辅相成，对于那些有远见的企业家，或许这就是谋求布局千载难逢的好机会。

四、苏拉威西—北马鲁古经济走廊

1. 国家农业、种植业、渔业生产和加工中心

由五个中心组成：万鸦老（Manado）、哥伦打洛（Gorontalo）、肯达里（Kendari）、马穆祖（Mamuju）、望加锡（Makassar）。

印尼政府对该经济走廊的国民生产总值的预期是,可以从2008年的210亿美元上升至2030年的940亿美元,增幅为4.4倍,年增幅估计在7.7%。

2．焦点行业和策略

粮食作物:提高产量,保障国家的粮食安全。

种植园:产品升级,以求获得更高的附加值。

渔业:减少捕捞量,增加养殖业。

镍矿业:提高镍矿半成品的出口。

3．所需的关键基础设施

水利设施:以提高粮食和种植园产量,所在地区是南苏拉威西省。

港口设施:用于农产品的经销和运输,望加锡,比通（Bitung）和肯达里港口。

电力供应:电力对于镍矿的提炼十分重要,重点建设地点是东南苏拉威西省。

区位发展优劣势点评:

苏拉威西岛面积为18.9万平方公里,比广东省面积稍大。境内最大的城市是望加锡。苏拉威西岛四面环海,海产丰富,海洋捕捞业是其支柱产业,海洋养殖业是其未来的发展方向,大有可为。水稻、椰子、咖啡、可可都是当地著名的土产,南苏拉威西省是印尼著名粮仓,其下辖的托拉查地区所产咖啡,是世界上最著名的咖啡中的一种。此外,托拉查地区,宜人的气候,景色秀丽,居住在此的托拉查族群,其独特的民居风格和悬棺葬习俗,是吸引国外游客慕名远道而来的著名旅游胜地。北苏拉威西省的万鸦老市,与菲律宾隔海相望,又是一个著名的海洋游世外桃源。在印尼最新的总体规划中,万鸦老被定位为国际枢纽港,是印尼的北大门。印尼中央政府计划重点发展棉兰和万鸦老国际航运枢纽港，值得关注。航运业的发展会带动造船工业，也会带动上下游工业的发展。

印尼旅游对中国游客最有吸引力的莫过于海洋游了，而旖旎的万鸦老海洋风情，独特的巴厘岛印度教文化，三色湖，科莫多岛等世界著名旅游景观，大都分布在印尼的东部地区，一旦万鸦老国际枢纽港建成，从广州直飞万鸦老仅需3个多小时的航程，从该地再到印尼东部的其他岛屿旅游也不用花多少时间和费用。印尼政府终于下决心打开北大门迎客之举，说不准真盘活了印尼经济的一盘棋，开启了财富的大门。

基础设施的薄弱是整个印尼的通病，而除爪哇岛外，其他岛屿尤甚。万鸦老的海洋游，天然条件优越，比巴厘岛的海滩更加美丽，清澈的海水可让游客观察海底30~40米深处的鱼类活动。游客未来选择乘飞机直达的方式，可减少目前先飞雅加达再转飞万鸦老的兜大圈行程，省却车舟劳顿，便捷经济，所需投资的基础设施不算太多，是一个投资少见效快适合投资创业的地区。万鸦老地区民族友善，民风淳朴，地理位置独特，是三面环海的半岛，从安全角度考虑，局势易于掌控，因而投资风险相对较小。

五、巴厘—努沙登加拉经济走廊

1. 国家旅游门户和副食品基地

由3个中心组成：登巴萨（Denpasar）、马塔兰（Mataram）、泗水（定位于大经济中心城市的泗水最靠近印尼东部广阔的地区，对印尼东部有辐射和支撑作用）。

印尼政府估计该经济走廊的国民生产总值可以从2008年的180亿美元上升至2030年的760亿美元，增幅为4.3倍，年增幅估计在7.6%。

2. 焦点行业和策略

旅游业：提高国际来访游客数量，增加旅游收入，利用巴厘岛作为门户，吸引更多的游客访问其他地区。

农业和畜牧业：提高农业产量，发展下游产品的生产。

3. 所需的关键基础设施

机场：扩展Ngurah Rai机场，建设新的巴厘岛国际机场。

港口：本诺阿（Tanah Ampo/Benoa）游船码头。

公路：贯穿巴厘岛的高速公路，萨朗岸-本诺阿半岛（Sarangan-Tj Benoa）通道。

能源：巴厘发电站。

区位发展优劣势点评：

知道有巴厘，不知道有印尼，这是西方不少国家游客对印尼游的认知。巴厘岛在国际游客心目中早就名声在外，是印尼旅游的第一品牌，多年来成为外国游客到印尼旅游的首选之地。土著巴厘人信仰巴厘印度教，印度教寺庙、家庙林立，无处不在。巴厘文化特色鲜明，石雕、木雕、艺术品随处可见，巴厘人的艺术门造型更是独特。巴厘民风淳朴，友好诚信。巴厘有山、海、湖、庙奇特的田园风光，有人与自然和谐相处的人生观，被誉为神仙岛。

从巴厘岛再往东，便是龙目岛，部分居民也信奉巴厘印度教。该岛早些年就被开发为旅游岛，海水比巴厘岛的更湛蓝，沙滩也更漂亮迷人，但基础设施的建设却没有跟上。如果游客更往东边走，自然景色更加美丽，火山爆发后形成的神奇的三色湖，科莫多岛恐龙科动物活体遗存，都是世界级奇观，独一无二，吸引猎奇探胜的各国游客排除万难前往一睹风采。可惜的是，支持旅游业的基础设施严重匮乏，无力接纳慕名而来的远方游客。只有那些真正的驴友，不计时间和花费，才可有幸择机身临其境。印尼政府似乎突然醒悟,这种养在深闺人未识的自然神奇景观,其实是最好赚钱的买卖。随着马打兰机场的扩建完工,其他基础设施的建设逐步跟上,东部旅游的春天终会到来,人们期待一睹最后活恐龙风采的时间恐怕不远了。

酒店、餐饮、道路、港口、游船、陆上交通工具、空中交通工具等都是支撑旅游业的基本设施,虽然印尼政府开始大力改善,但太多的历史欠账,印尼东西部发展的巨大落差,并不是一朝一夕就能解决得了的问题。

六、巴布亚—马鲁古经济走廊

1. 丰富的自然资源加工业基地和人力资源培训基地

由5个中心组成:索龙(Sorong)、马诺瓦里(Manokwari)、瓦梅纳(Wamena)、查亚普拉(Jayapura)、马老奇(Merauke)。

印尼政府对该经济走廊的国民生产总值的预测,可以从2008年的130亿美元上升至2030年的830亿美元,增幅为6.3倍,年增幅估计在9.6%。这是所有经济走廊中发展速度最快的。但其起点也是最低的。

2. 焦点行业和策略

矿产业:首先是铜矿和金矿,在基础设施的支持下,推动新矿山的开发,促进下游产业。

农业和园林种植园:提高马老奇粮食和能源基地的生产,生产出高附加值的产品。

3. 所需的关键基础设施

公路:贯穿巴布亚的公路,抵达马老奇的通道。

港口:查亚普拉和马老奇港口。

能源:建设乌鲁姆卡(Urumka)天然气发电站,减少对原油发电的依赖。

区位发展优劣势点评：

巴布亚省和西巴布亚省，与巴布亚新几内亚相连，印尼最东部的两个省份，也是面积最大的省份，比爪哇岛还大数倍，达42.2万平方公里，地大物博，人烟稀少，但部落族群数量最多，方言数以百计。印尼境内语言多达746种，其中相当数量的是巴布亚人的方言。巴布亚人口两百多万。巴布亚是印尼一块尚待开发的处女地，资源丰富无与伦比，令前殖民者对其垂涎三尺。据称世界上最大的金矿就在巴布亚，含金品位高为世界之最，有消息称光金矿就达72,470万吨，铜矿达730万吨，其数量之大，简直令人难以置信。从苏哈托上台掌权以来，一直是美国的自由港公司在独家开采，之前被称作铜城，印尼语叫Tembagapura，其实那是为了掩人耳目，这些开采出来的矿石都不在印尼提炼，而是千里迢迢运回美国加工。经历了30多年的开采后，已经挖至400米深，据说此矿点的金矿被采完了，却又在金山的底下发现了比金子还贵出一百倍的铀来。上天真是太眷顾印尼人了！

2001年，由国际保护组织组队对印尼巴布亚省索龙县以西80多公里外一个叫作阿巴特大群岛的地方进行的一次快速科考活动，得出的结论是：印尼东部海域的一个区域，有972种珊瑚鱼类，456种珊瑚，699种软体动物。

《南方都市报》2006年9月20日也曾经报道：这片神秘的海域位于印尼巴布亚省东北部。这一海域蕴藏着丰富的海洋生物资源，生活着1200多种鱼类和600多种珊瑚，这几乎囊括了全球75%的已知珊瑚品种。"保护国际"高级顾问马克·艾德曼恩说："这是地球上最美丽的海域之一，不管是水上还是水下，都如梦如幻。"

巴布亚岛，不管是陆上还是海底，动植物种类都无与伦比,难怪有人说地球上最像伊甸园的地方莫过于印尼群岛了。

不过,目前的巴布亚省却是印尼最贫穷的地区,资源的丰富并没有给当地的民众带来美好的生活。她是印尼真正意义上的西伯利亚,从印尼首都雅加达乘飞机到巴布亚也要6个多小时的航程,比雅加达飞抵广州还要多出约两个小时。基础设施的严重缺失,让企业经营的运作费用也远远高于印尼其他地区。

第五节 印尼政府着力发展的八大行业和18个主攻方向

一、工业(5项)

1. 钢铁业
2. 食品、饮料工业
3. 纺织业
4. 机械和交通工具业
5. 造船业

二、矿产(3项)

1. 镍矿加工
2. 铜矿加工
3. 铝矾土加工

三、农业(3项)

1. 棕榈种植
2. 橡胶种植

3. 粮食加工业

四、海洋业（1项）

1. 海洋渔业发展

五、旅游业（1项）

1. 旅游业的发展

六、电信业（1项）

1. 电信业发展

七、能源业（2项）

1. 煤炭发展
2. 石油天然气的发展

八、区域（2项）

1. 以雅加达为中心的大都会圈
2. 巽他海峡大桥经济圈

第六节 印尼政府实施总体规划的策略和措施

一、印尼政府加速和拓展印尼经济发展总体规划实施的策略

实施加速和拓展印尼经济的总体规划，谋求政府与实业界的携手合作。放手私营企业投资，创造就业机会。

政府提供掌控、推动、配套措施（公共服务设施，人力资源和均衡发展）。

将已经制定的行动计划和国家中长远计划、政府工作会议、国民收支预算计划糅合在一块，形成预算计划文件。

向各方面精心推介此发展规划。采取特别的掌控和评估措施。

二、印尼政府加速和拓展印尼经济发展总体规划的支付策略

公共支出用于提供便利和发挥促进作用：

公共支出占8%；

私人支出占92%。

2011—2025年总支出预算：

国内投资12,000亿美元；

国外投资28,000亿美元；

加速和拓展印尼经济发展的支出大部分为私人项目和外国投资项目。

三、2011—2015年加速和拓展印尼经济建设投资近期需求指标

1. 首先是用于基础设施方面的投资需求是1,500亿美元。

2. 具体的数量估计是：国内投资500亿美元（国家收支预算计划和PPP），国外投资（FDI）1,000亿美元。

3. 潜在的投资国家和地区是：美国、欧盟、巴西、俄罗斯、中国、日本、韩国、中国台湾、澳大利亚、马来西亚、新加坡、土耳其、印度。

表6-1 建设经济走廊发展一览表

序号	部门	经济项目	基础设施	投资地点指引 位置	投资地点指引 所处走廊
1	制造业	钢铁	港口、公路、电力	巴杜利津（Batulicin），庞亚坦（Pangatan），塞益（Sei），萨堆湖（Danau Satui）	加里曼丹
		食品、饮料	港口、公路、电力、仓库	雅加达，三宝垄，泗水，望加锡	爪哇，巴厘—努沙登加拉，苏拉威西—北马鲁古
		纺织业	公路、铁路、电力	三宝垄，雅加达	爪哇
		机械，交通工具	港口，电力	雅加达，勿加西	爪哇
		造船业	公路，防波堤，供水，泊位码头	卡里门（Karimun），拉蒙岸（Lamongan）	苏门答腊，爪哇
2	矿产业	镍矿	公路，电力，饮用水	索罗亚格（Soroako），哥拉卡（Kolaka），哈玛黑拉（Halmahera）	苏拉威西—北马鲁古
		铜矿	港口，电力	堤米卡（Timika）	巴布亚—马鲁古
		铝土矿	港口，电力，公路	库亚拉丹戎（Kuala Tanjung），曼帕瓦（Mempawah）	苏门答腊，加里曼丹
3	农业	棕榈种植园	港口，铁路，公路，能源，净水	塞依芒克（Sei Mangke），杜迈（Dumai），玛磊（Maloy）	苏门答腊，加里曼丹

续表

序号	部门	经济项目	基础设施	投资地点指引 位置	投资地点指引 所处走廊
3	农业	橡胶	港口，公路，能源，电力	北苏门答腊省，占碑省，南苏门答腊省	苏门答腊
3	农业	食品和非食品基地	港口，公路，能源，电力，人力资源	南苏拉威西，龙目岛，巴布亚	苏拉威西—北马鲁古，巴厘—努沙登加拉，巴布亚—马鲁古
4	海洋业	渔业	公路，港口，能源	望加锡，万鸦老，龙目，古邦（Kupang）	苏拉威西—北马鲁古，巴厘—努沙登加拉
5	旅游业	旅游	空港，公路，海港，电力	巴厘，东努沙登加拉	巴厘—努沙登加拉
6	电信业	电信	电力，交流网	爪哇外岛屿	爪哇除外
7	能源业	煤炭	港口，铁路，能源，电力	楠榜，巨港，帕朗卡拉亚	苏门答腊，加里曼丹
7	能源业	石油天然气	公路，电力	波唐（Botang），芝勒干（Cilegon），图班（Tuban），锦石（Gresik），唐固（Tangguh）	加里曼丹，爪哇，巴布亚—马鲁古
8	战略综合区域	巽达海峡经济圈	桥梁，公路，能源，铁路	楠榜—万丹	苏门答腊
8	战略综合区域	雅加达和周边卫星城经济圈 Jabodetabe	机场，港口，客运铁路，通道，饮用水，能源，公共设施	雅加达	爪哇

第七节 抓住历史机遇，果敢布局印尼

到2010年印尼独立已经65周年，摆脱殖民统治之后的印尼，作为一个新兴国家，几十年来的经济发展虽有进步，但依然没有形成自己完备的工业体系，整个国家的工业体系比较薄弱，尤其是重工业发育不良，许多机械制造仍然依靠进口。现代化兴业的基础设施欠账太多，科技进步跟不上，没有掌握核心技术。

印尼拥有面积巨大的热带雨林，总面积达到39,549,447公顷，动植物资源、矿产资源、海产资源之丰富无国能敌。印尼不缺可耕土地，既无严冬，又无酷暑，仅有雨季旱季之分，一年到头都可种植收获。虽然时有火山爆发，地震发生，但其领土无台风正面吹袭的危险，大部分年度能够风调雨顺。火山爆发虽有危及人的生命安全，但也喷发出肥沃的火山灰，利弊并存，给农民百姓的耕作带来丰收的实惠。想想火山频繁爆发的爪哇岛，为什么人口就那么稠密？因为土地肥沃好耕作也，物产丰富使然。

但上天如此眷顾的国度，偏偏大多数年份印尼粮食还是不能自给自足，粗放的生产方式使每公顷土地稻谷的年产量大多在3～4吨。大米是印尼人民的主食，还常常需要进口大米以弥补国内粮食的短缺。世界最大的岛国，海洋面积是其陆地面积的2倍，太平洋、印度洋都在它的边上，最最不缺的就是海水，海水制盐业完全可为。食盐又是人类赖以生存的基本食品，但印尼居然有40%的食盐依赖于进口。这就是真实的印尼，富有而贫穷。

现在印尼政府编制出新的总体发展规划，雄心勃勃，期望值颇高。但能否贯彻实施，达到理想效果，只有时间会作出回

答。不过，其中长远发展规划却又实实在在地给中国企业家们打开了一扇门。暂且不管其规划是否纸上谈兵，实现的可能性有多大，企业家们最关心的是什么项目适合自己，哪些最对自己的胃口。凭着中国人摸着石头过河的经验，30年的国内、国际历练，有人肯拿出一些资金投石问路，未尝不可。但也不能想当然，更忌一窝蜂而上，不先做功课便贸然出手，背着钱袋子到太平洋边上打水漂，那却万万使不得。那片海水深着呢，中国商人在印尼投资被骗的事并不鲜见。

我国的资源有限，需要寻求向外发展的空间，印尼恐怕是离我们最近的最值得投资的一块乐土。正是两国经济发展水平还有落差，印尼资源丰富，投资获利其实并不困难。当然，其中并非没有风险，包括可能发生的天灾人祸。但如果投资者对印尼社会文化地理环境有了更多的了解，对其政治体制、法律制度认识更深刻些，就可规避一些风险，少走一些弯路。在国家层面的战略合作伙伴关系的庇护下，政府搭台，企业唱戏，研究机构积极介入，结成一种利益共同体，以组成大舰队的形式出海闯荡，完全有可能抵御大风大浪，达到互利双赢或多赢目的，这或许是一种最明智的选择。

广东，是中国距离印尼最近的地方，得益于改革开放政策的实施，有率先发展起来的优势，经济实力在中国更是首屈一指。发展同东南亚尤其是与印尼的经贸合作，广东占尽天时地利人和。广东与印尼有着良好的官方关系，时任广东省委书记的张德江、汪洋都先后率团访问过印尼，寻求合作商机。既然广东有敢为人先的气概，就应抓住印尼为提升自己国力，四处寻找资金投入总体规划建设的契机，政府层面积极稳妥地介入，研究机构抓紧开展专项调研，提供必要的智力支持，企业界及时布局，抢占先机，是为上策。

参考文献

一、专著文章

[1] 李学民，黄昆章. 印尼华侨史［M］. 广州：广东高等教育出版社，2005.

[2] 汤平山. 印度尼西亚［M］. 北京：当代世界出版社，1998.

[3] 孔远志. 中国印度尼西亚文化交流［M］. 北京：北京大学出版社，1999.

[4] 陈扬. 浅析印尼巴厘岛印度教的传承与发展［J］. 东南亚纵横，2005（6）.

[5] 段立生. 印尼巴厘岛的印度教文化［J］. 世界宗教文化，2006（02）.

[6] 朱刚琴. 浅析爪哇伊斯兰教的和谐价值观［J］. 东南亚研究，2006（6）.

[7] D.G.E.霍尔. 东南亚史［M］. 3版. 北京：商务印书馆，1982.

[8] 罗兹·墨菲. 亚洲史［M］黄磷，译. 海口：海南出版社，三环出版社，2004.

[9] 尼古拉斯·塔林. 剑桥东南亚史［M］. 昆明：云南人民出版社，2003.

[10] 温北炎，郑一省. 后苏哈托时代的印度尼西亚［M］. 北京：世界知识出版社，2006.

[11] 刘新生. 赤道上的翡翠：印度尼西亚［M］. 上海：上海锦绣文章出版社，2010.

[12] 吴崇伯. 举足轻重的东南亚大国——认识印度尼西亚［M］. 济

南：山东大学出版社，2010.

[13] 金宜久. 伊斯兰教小词典［M］. 上海：上海辞书出版社，2001.

[14] 梁立基，孔远志等. 印度尼西亚语—汉语大词典［M］. 印度尼西亚雅加达 Gramedia 集团，2000.

[15] 温北炎. 印度尼西亚经济与社会［M］. 广州：暨南大学出版社，1997.

[16] Atlas Indonesia dan Dunia Dian Rakyat 2010

[17] 印尼焦点. 香港印尼研究学社.

[18] 杨全喜，唐慧. 印度尼西亚研究［M］. 北京：军事谊文出版社，2009.

[19] 唐慧. 印度尼西亚历届政府华侨华人政策的形成与演变［M］. 北京：世界知识出版社，2006.

[20] International Monetary Fund. World Economic Outlook Database. 2010.

[21] Tropika Indonesia 2003，vd. 7. No.3

[22] Rizal Sukma. Indonesia and China: The Politics of a Troubled Relationship，London and New York，1999.

[23] M.C. Ricklefs. Sejarah Indonesia Modern 1200-2008，PT. Ikrar Mandiriabadi，Jakarta，2008.

[24] Kuncoro，Mudrajad，2009. Ekonomika Indonesia:Dinamika Lingkungan Bisnis di Tengah Krisis Global. Yogyakarta: UPP STIM YKPN.

[25] Tambunan，Tulus T.H.，2009. Perekonomian Indonesia. Bogor: Ghalia Indonesia.

[26] Masterplan Percepatan dan Perluasan Pembangunan Ekonomi Indonesia 2011-2025，7 Februari 2011，Kementerian Koordinator Bidang Perekonomian dan Kementerian PPN/BAPPENAS.

二、相关网站

[1] 中华人民共和国驻印度尼西亚大使馆经济商务参赞处网页.

[2] http://www.cic.mofcom.gov.cn/ciweb/cic/index.jsp.

[3] http://id.china-embassy.org/chn/zgyy/.

[4] wikipedia bahasa Indonesia.

[5] http://www.ymunet.com/news/yuanmuzhishi/2/7321.html.